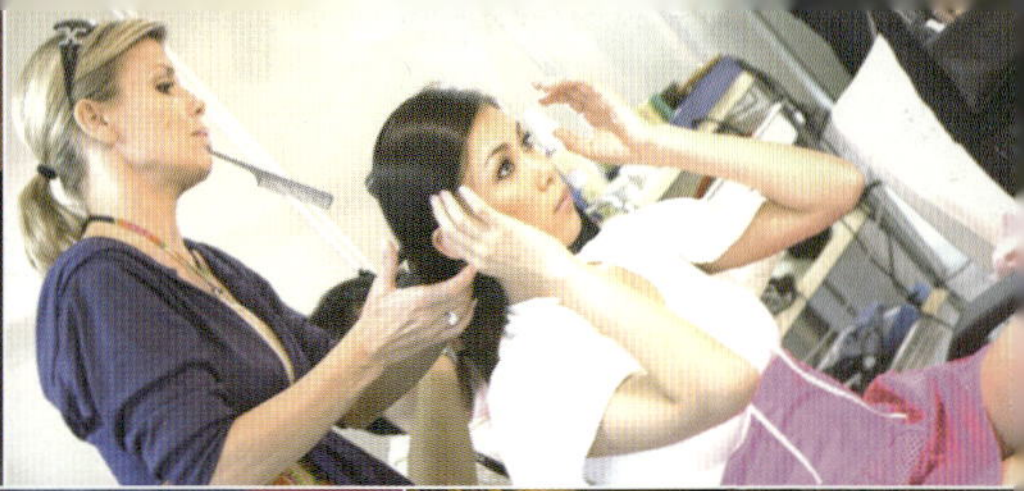

©MORGAN OMNER

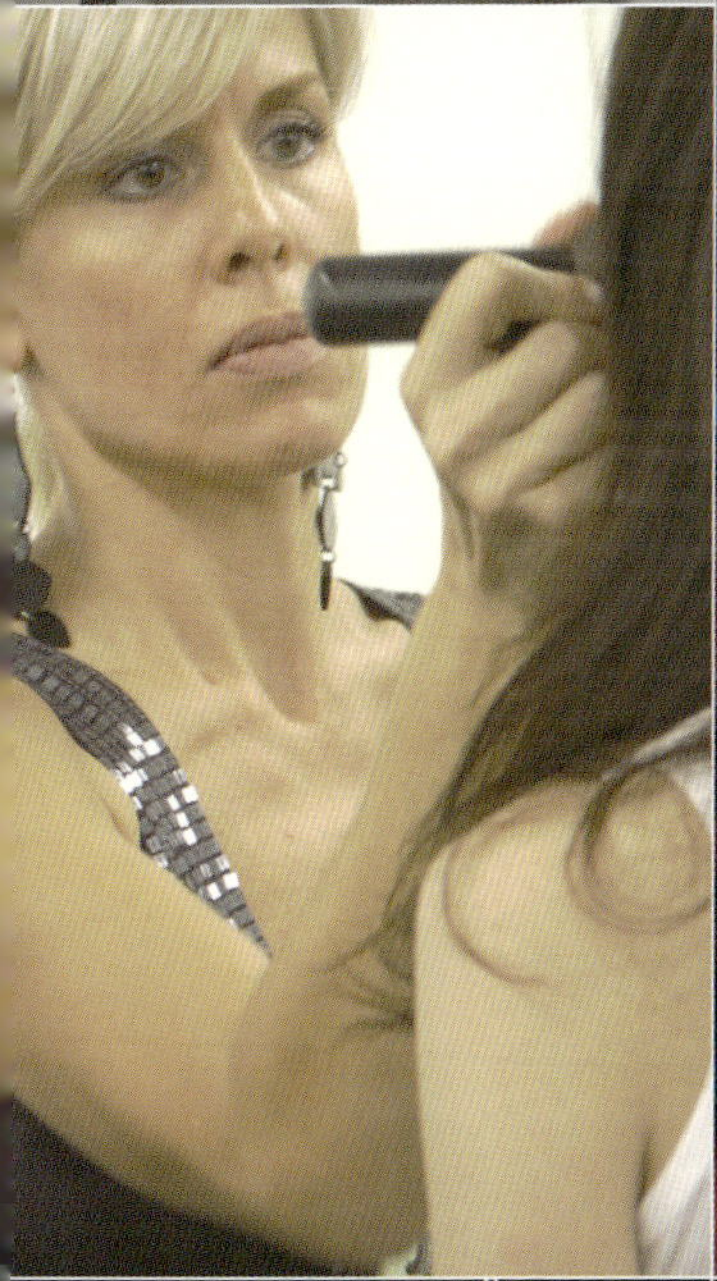

©2007 Miss Universe L.P., LLLP

Inés's magic words

世界一の美女の創りかた

イネス・リグロン

ミス・ユニバース・ジャパン ナショナル・ディレクター

世界一の美女を創るまで

イネス・リグロン

２００７年5月28日、灼熱のメキシコシティでのエキサイティングな出来事を私は生涯忘れないでしょう。全世界が注目するステージに「森理世」の名前が響いたあの日のことを！　その瞬間に私の10年間に渡るチャレンジがついに大きな実を結び、日本には48年ぶりに「世界一の美女の国」という栄光がもたらされました。日本の20歳の女の子が、２００７ミス・ユニバースに輝いたのです。

慣れない日本での戦いの始まり

１９９８年に、私、イネス・リグロンはミス・ユニバースを運営するトランプ財団から日本に派遣されました。財団のトップであるドナルド・J・トランプ氏から託されたのは、「ミス・ユニバースの日本代表をレベルアップさせること」そして「日本でのミス・ユニバースへの注目度を高めること」。以上の使命を負って、ミス・ユニバース・ジャパンのナショナル・ディレクターとして訪日することになった私を、とまどいと不安の日々が待ち受けていたわ。

フランスで生まれた私は、20歳でパリにビューティ・センターを開業して以来、「女性の美」に関わる仕事をしてきました。スペインに移住してからはファッション業界でキャリアを積み、ショービズの世界でいかに女性を美しく見せるかについてを学んだの。そして31歳で香港へ。ここでは「IMG Models」のディレクターとして、トップモデルたちをアジアのクライアントへ招致するのが主な仕事だったわ。つまり私は、ずっとビューティ業界の「プロの女性たち」をプロデュースする立場だった、ということ。一般の女性をビューティ・コンペティション（美の競技会）に送り込むことに関しての知識はまったくなかった、というわけね。

10年前に日本に来てまず驚いたのは、ほとんどの日本人がミス・ユニバースそのものにまったく関心がなかったことよ。フランスでは、「ミス・ユニバースのフランス代表」ともなると当然誰もが知っていて、ファッション誌の表紙やテレビ出演に引っ張りだこなのに！　ところが当時の日本は、ミス・ユニバースの世界大会はテレビ中継されておらず、代表が誰で、どのように選考されているのかさえ知られていない状況でした。

そして次にショックを受けたのが、私が想像していた以上に日本が「男性支配の国」であったこと。今でこそ日本の女性たちには、キャリアを重ね、華々しく活躍している人がたくさんいるけれど、10年前には女性の地位はそれほど重んじられていなかったと思うわ。レストランで男性が女性のためにドアを開けるような、レディーファーストの風習もまるでなし！　女性たちはみな保守的で、男性にとても従順で、ファッションやメイクに関しても「男性の目を意識した」スタイルが主流だったわね。街を行く人々は厚いファンデーションとストッキングで自分を覆い隠していて、フレッシュな女性らしさが感じられなかったわ。

でもミス・ユニバースとはただ美を競うのではなく、時代を象徴するような、自立した女性像を求める大会なのです。そのコンセプトと日本の現実とのギャップがあまりにも大きくて、「私に課せられた仕事はとてつもなく難しいものなんだわ…」と来日してから初めて気付かされたの。

私なりに期待に応えられるように努力をしてみたけれど、初めはなかなか上手く事が進んでくれませんでした。ミス・ユニバース・ジャパンに応募してくる女の子たちは、とてもシャイで、おとなしくて、口下手で、一体何を考えているのかまったくわからなかったのよ！　それに対して私は常にストレートな物言いをするから、何度も女の子たちを傷つけ、泣かせてしまったわ。私は意思疎通の難題を抱えながら、それでもスポンサーを探し回り、クリスチャン・ディオールからドレスの提供を取り付け、パークハイアットの会場を抑えて、日本での最初のイベントをどうにか成功させることができました。

実は、トランプ財団から話を持ちかけられた時には、ミス・ユニバース・ジャパンのディレクターというこの仕事を1年で辞めようと考えていたんです。でも最初の1年を夢中で乗り越えていく過程で、私はとても重要なことを発見したわ。それは「日本女性に秘められた可能性」。おとなしく見える彼女たちは、実はとても強いメンタリティの持ち主だと分ったのです。加えて世界で最高水準の教育を受けているから知的であり、礼儀正しく、細やかで、人を思いやる優しさがある。強さと優しさを内包させた、これほどまでに深いメンタリティを持つ女性たちに、私は他の国で出会ったことがありません。

そうそう、日本に来たばかりのある日にこんな出来事があったのよ。ミス・ユニバース・ジャパンのオフィスを抜け出して、私と女の子たちだけでお茶を飲むことになったの。そこでの彼女たちのユニークさといったら！　男性の視線にさらされていない場所では、日本の女性たちは自由に自分の主張を述べ、ジョークを口にして笑ったり、活き活きと振る舞うことができるのです。ただ日本の社会がそれを許さないだけ。それらの経験を通して、私は強く確信しました。アプローチ次第では「日本の女性は必ず世界一の美女になれる」と。そしてミス・ユニバース・ジャパンのディレクターとして、2年目を迎える決意をしたのです。

トレーニングはこうして行われる

毎年、ミス・ユニバース・ジャパンへの数千人の応募者の中から、数百人へと絞られ、最終的には約10名のファイナリストが決まり、本格的なトレーニングが始まります。私のトレーニングはとてもハードよ。なにせごく普通の女の子を、たった6か月間で「世界一の美女」に仕立てなくてはいけないのだから！　私はまず、女の子たちを朝の通勤ラッシュでにぎわう駅へ引き連れて行くんです。そしてまだ20歳そこそこの彼女たちにこう問いかけるの。「あなたたちは一生あの満員電車に乗り続けたいかしら？」と。学校を卒業し、就職して、満員電車で通勤する。キャリアは男性に奪われて、将来はせいぜいサラリーマンのお嫁さん…。ちょっと意地悪な言い方だけど、保守的な日本で育った女の子たちの人生観を１８０度変えさせなければ、世界を目指すモチベーションは湧き出てこないから。また、さらにこう言い聞かせます。「私を信じて付いてきてくれれば世界への扉は開かれるわ」と。ハイクラスの女性に生まれ変われば、あなたの人生を豊かにしてくれる最良のパートナーと巡り会い、素晴らしい日々になる…。私の言葉に彼女たちはたちまち瞳を輝かせるの。一瞬で女の子たちのハートを捕らえてしまうから、よく「イネス・マジック」なんて言われるわ（笑）。

実際のトレーニングでは、ファイナリストの個別に、美しくなるための完全なプログラムを組み立てます。栄養士とともにメニューを考えて食生活を徹底的に改めさせ、エクササイズを指導し、歩き方やメイクアップレッスン、インタビューの受け答え、パーティーでの身のこなしについてまで。また、世界クラスの美女ともなればファッションセンスも問われるので、私は彼女たちのクローゼットの中のすべてのワードローブを調べるわ。「これは着ちゃダメ。これも処分しなさい！」と。最後には「イネス、もう勘弁して。私の着る服がなくなっちゃうわ！」と女の子たちは悲鳴をあげるのよ。『プラダを着た悪魔』のミランダ編集長よりも恐ろしいって！（笑）

そしてメンタル面を磨き上げることも大切なトレーニングの一環よ。ミス・ユニバースは、ただお人形のように顔やスタイルが美しいだけではダメなの。自分の意見を、自分なりの言葉で語ることのできる知性。場の雰囲気を読み、人々が求めるような振る舞いをできる賢さ。社会の問題に広く目を配る好奇心や洞察力。ユーモアやエレガンスも大切ね。他の誰にもない、きらりと光るようなパーソナリティを持っていなければ、世界中の人の目には留まりません。だから私は女の子たちに「自分のパーソナリティを磨きなさい」と繰り返し教えるの。

私のトレーニングの特徴は、欠点を直すのではなく、それぞれの長所を伸ばすことね。パーソナリティを磨くにはこれが一番の方法よ。そのために私は女の子たちをたくさん褒めるわ。「あなたはなんてエレガントなの！」「とてもチャーミングな瞳だわ」と。もちろんお世辞ではなく、本心からその子のいいところを何度も強調するの。日本の女の子たちは褒められることに慣れていないから、初めはとても恥ずかしがるけれど、彼女たちは徐々に自信を持つようになるわ。褒められることで「私は美しいんだわ」と確信すると、女性は本当に美しくなるんです。美とは、内面の自信からもたらされるのよ。

こうして私のトレーニングで自信を持つようになった女の子たちは、海外の人々の目には「まるで日本人ではない」ように見えるんですって。内側からの自信が、女の子たちの表情や振る舞いまでグローバルな雰囲気に変えてしまうのでしょうね。

母と娘のように深い絆で結ばれて

私の立場は、言うなればミス・ユニバース・ジャパンの「ママ」のようなものね。世界大会を目指すファイナリストの女の子たちには、ファッション、メイク、エクササイズのアドバイスはもちろんだけど、女性としての生き方や人の愛し方まで、あらゆることを教えます。女の子たちの自宅まで行って料理を教えたりもするし、反対に彼女たちが私の家に住み込んでしまうこともあるのよ（笑）。そしてトレーニングとは関係のない、ボーイフレンドのことや将来の夢まで語り合うの。女の子たちは実際に「イネスは私のママね！」と言って慕ってくれるし、私も本当の娘たちのように感じているわ。

時には、彼女たちの両親とも話し合いの場を設けることがあります。トレーニングの過程でよく問題として浮上するのが、実は女の子たちと両親との関係なんです。私たちは「国際的な」美しさを備えた女性に育てようとしているから、メイクは「国内向け」のかわいいＯＬのようなものではなくミステリアスな雰囲気に変えさせるし、ファッション面でも、セクシーでゴージャスな服を身に着けるように指導します。話し方は物怖じせずにストレートであり、社会情勢にまで目を配っておかなくてはいけない。そういったトレーニングによって瞬く間に変化していく自分の娘を見て、ご両親がとても驚いてしまうのよ。「うちの子がお嫁にいけなくなる！」って（笑）。こんなに派手で生意気な娘では普通の男が嫁にもらってくれない、と。

確かに、その心配は当たっているかもしれないわね。「国内向け」の女性はごく普通のサラリーマンの妻になるために、おとなしく、「おばかさん」なぐらいがちょうどいいとされていますから。私も日本にはもう長く住んでいるし、若い女性向けの多くのファッション誌やテレビタレント、女優をリサーチし続けてきました。でも日本の男性やマスコミがもてはやす「モテ」や「かわいい」は、世界水準の女性の魅力ではないのよ。グローバルに活躍するには、女性はマチュア（成熟）であり、知的であり、パーソナリティを発揮する必要があるわ。いつまでも10代の子供のように、未成熟で、個性のない女の子なんて、外の世界では女性として見向きもされない。私のその意見を、ファイナリストの若い女の子たちはちゃんと理解して付いてきてくれます。でも中には「お母さんがイネスの意見とは違うから…」と躊躇する子もいるので、そういう時には私が直接両親の説得に行くんです。「娘さんをミス・ユニバースに送り込めるのは、ご両親ではなくこの私です。どうか私を信じて、預けてください」と。その結果、家族がチームワークを発揮して支えてくれることもあるし、残念なことに両親の反対によって途中で辞めていく子もたくさんいます。

これほどまでに熱心にトレーニングを行うナショナル・ディレクターは、他の国にはいないでしょうね。私がミス・ユニバース・ジャパンに情熱を注ぐのは、やはり「日本の女性は世界一の美女になれる」という確信があるからなのよ。

魂をかけた世界大会での出来事

私は、何もすべての日本女性を変えようとしているわけではありません。これまでに何度も私の発言を「高慢なフランス人の意見」「外人だから言えること」などと指摘する声を耳にしてきたわ。「イネスの作ろうとしている女性像は国内で受け入れられるとは思えない」とも言われたし、実際私もそう感じるところはあるわ。でも2003年に宮崎京がミス・ユニバースの世界大会で5位入賞を果たし、2006年には知花くららが第2位に輝き、そして2007年、森理世が世界の頂点に！　私が確実に成果を上げていったと同時に、日本国内でも新しい風潮が起こりはじめたような気がしているの。大人の女性向けの雑誌が増えて、グラマラスでセクシーなファッションが定着しはじめたわね。最近では女性を賞賛する言葉に「かっこいい」

が使われるようになったわ。「モテ」や「かわいい」だけの女性では物足りない、と人々が感じているんじゃないかしら。

そういった時代の動きやファッショントレンドにぴたりとマッチしたのが、知花くららや森理世でした。くららはフェミニンでありながらも最高にセクシーで、日本女性ならではのエレガンスを現代的に表現できるところが魅力ね。一方、理世は出会った当時はまだあどけない19歳で、とんだおてんば娘だったのよ（笑）。でもとても知性があり、自分の考えをしっかり持っていて、「かわいい」だけの女の子ではなかった。そしてもっとも素晴らしいのは、「頑張る」というハートを持っていたことね。私たちが二人三脚で世界大会に臨み、共に200％の力を発揮することができたのは、理世に強いハートがあったからよ。

そうは言っても20歳前後の女の子があれだけの大舞台に挑むのだから、ナーバスになることもあったわ。そこで私はちょっとした魔法を使ったの。大会に乗り込む前から「理世、あなたが優勝するのよ」と常に言い聞かせていたのです。理世の素晴らしい点をたくさん挙げて、反対に他の国の代表者のマイナスポイントをリストアップしたわ。とくにミス・コリアはとてもエレガントで、理世にはない魅力の持ち主だったから、彼女より理世が勝っている点を懇々と聞かせたのよ。「だからあなたが世界一にふさわしいのよ」と。その効果で、理世はすでに「私こそ世界一」という気持ちでメキシコへ乗り込んで行ったの。

万全の体勢で臨んだものの、アクシデントはいろいろとありました。世界大会のリハーサル中に理世は急にテレビインタビューを申し込まれたのだけど、彼女はその時にスニーカーを履いていたのよ。そんな姿を世界中のテレビに晒すことはできないから、私は大急ぎで自分のハイヒールを脱いで「理世、これを履きなさい！」とステージに投げ入れたの！　そんな私たちを見て他の国の代表やディレクターは呆れ顔をしていたわ（笑）。前年の知花くららの実績があったから、私たち日本チームは「優勝候補」として、リハーサルの段階からどんなやり取りも他国に注目されていたのです。私と理世が打ち合わせをしている時には、隣のテーブルにコリアチームの通訳が座ってこちらの会話を伺っていたから、「聞かないで頂戴！」と追い払ったぐらいよ。その後も周りに作戦を盗み聞きされないように、英語は控えて、私まで慣れない日本語で会話をする必要があったの。

また、ミス・コリアがスペシャルにセクシーでクラッシィなドレスを着ていたから、楽屋の理世に携帯電話で「ドレスを変えなさい」と緊急に指示しました。そして「本番のステージパフォーマンスでは、ドレスの裾を手に持って思いきり広げて歩くのよ。他の代表の姿を隠してしまうぐらいに！」とね。また大会地がメキシコだったから、会場の人々のハートを掴むために、現地のイントネーションで「オーラ、メヒコ！」と言えるように本番ギリギリまで携帯越しに何度も練習させたわ。そして私は会場の最前列の、さらにプロンプターの前に陣取っていました。もし理世がステージ上で不安に襲われたら「私を見るように」と伝えておいたの。私と理世は常にアイコンタクトをして緊張を追い払ったのよ。

魂のすべてをかけてやるだけのことはやったから、大会の最後に、優勝者に「森理世」の名が告げられた時には、私は力尽きて座り込んでしまったわ。周りは歓喜で湧いているのに、私はもうヘトヘトよ（笑）。でもあの瞬間を、今でも鮮やかに思い描くことができます。私は3人の子供を産んでいるけれど、本当の出産と同じくらいに感動的だったわ。私のベイビーが「世界一の美女」として誕生した、最高に幸せな出来事よ。

知花くららも森理世も、日本の女の子たちは私の熱意に応えて「頑張ります」と言って一生懸命にトレーニングをしてくれました。そして私が彼女たちに精一杯尽くしたことに対して、「ありがとう」と心から感謝をしてくれるの。その優しい気持ちも日本女性の最大の魅力だわ。

彼女たちが「ありがとう」と言ってくれるから、私は今日までチャレンジし続けることができたんです。

日本の女性たちは、もっと美しくなる

美しくなるためには、大きな目、小さい鼻、長い足と曲線を描く体が不可欠だと信じている人たちには、この本が朗報をもたらすでしょう。実は外見の美しさはすべて派生的に生まれてくるものであり、セルフプロデュースによって、いかようにも美しく見せることができます。これまでにも世間には常に「美」への大きな誤解や、美しさを獲得する方法に誤った理解がはびこっていたわ。例えば、高級な化粧品を使い、ブランド品で着飾っていれば「美しい女性になれた」という思い込みがそうね。だからこそ私は、20年間のキャリアで得た経験と知識を多くの女性たちに伝え、美に対する正しい考えを持って欲しいと願っているのです。

世界中の99%の人たちは生まれながらにして美しいわけではありません。森理世は日本人としても、他国のミスたちに比べてもかなり個性的な顔立ちで、必ずしも「世界一の美女」とは言えなかったかもしれない。でも彼女の持っている内面の美しさやパーソナリティ、ステージ

パフォーマンスは申し分なく世界一だったわ。つまりあなたが他の人々とは異なるパーソナリティを持っていれば、あなたは十分に「美しい女性」なのよ。真の美しさは内面から生まれてくるものなのだから。

日本女性は、欧米人らに比べれば、顔立ちやスタイルでは勝てないかもしれないけれど、その代わりにたくさんの長所があります。真面目さ、賢さ、慎ましさ、上品さ、純粋さ。そして「頑張ります」と言う忍耐力と向上心。「ありがとう」と言える優しい心。それらすべては世界中で賞賛されるべき素晴らしい魅力よ。そう、日本女性は世界一の美を輝かせるダイヤモンドの原石なの。

私は日本に移り住み、ミス・ユニバース・ジャパンのナショナル・ディレクターの仕事を通じてたくさんの幸せを貰いました。だから日本の女性たちにも、もっと美しく、幸せになって欲しいし、そのための手助けがしたいの。この本を読んで、あなたが少しでも女性としての自信を勝ち取ることができれば、私はこの上なく幸せよ。

さあ、私と一緒に、世界一の美女を目指しましょう。

イネスの魔法の言葉

Inés's magic words

いよいよ、世界一の美女の創りかたの具体論に入ります。
本来は、ミス・ユニバース・ジャパンの
ファイナリストだけに教えているものです。
さなぎが蝶になるように美しく変わっていく彼女たちは、
私の言葉を"魔法"と呼びます。
この魔法があなたにかかりますように。

●

ビューティー編……………P18
メンタル編………………P104
テクニック編……………P162

●

01

まず、健康でありなさい。

私の次の言葉を、一体どれくらいの人が信じるかしら？　美しさとは、実は生まれながらの顔の造形やスタイルを指すのではありません。かわいらしい鼻や大きな瞳よりも、大切なのは「健康状態」。真の美しさとは、体の内側から生まれてくるものなの。

私は毎年、何百人というミス・ユニバース・ジャパンの候補者を面接します。そこでまず最初に女の子たちに告げるのは「健康でありなさい」ということ。なぜならば、不摂生な生活の影響で体が不健康な状態では、肌や髪にツヤが宿らないから。**どんなに有名なメイクアップアーティストでも、ボロボロに荒れた肌を完全に隠すことなんてできないわ！**

朝、目覚めた瞬間から体中にエネルギーが満ちあふれ、食事がとてもおいしく感じられ、軽やかな足取りで玄関を出たとき。あなたの表情はまるで太陽のように活き活きと、フレッシュに輝いているはずよ。それこそが魅力的な女性の姿なの。世界に賞賛される美女を目指すためには、まずは偏った食生活、睡眠や運動不足を改善して、体の内側のコンディションを整えることから始めなくてはいけません。

02

美のベースを作るのは食生活よ。

beauty

ミス・ユニバース・ジャパンに応募してくる若い女の子たちのほとんどが、食事に対して意識的ではありません。世の中の女性たちも、高級なスキンケアアイテムにすがって美しくなろうとはしても、食生活まで改めようとする人は少ないでしょう。でも**ハリウッドスターやモデルなど、美に対する意識の高い女性たちは食事をとても重んじているわ。**私も「正しい食生活」は美容に欠かせないものだと考えています。美のベースとなる健康的な体は、口にする食べ物によって作られるのですから。

ファイナリストに選ばれた女の子たちには、トレーニングの最初に日頃の食生活について質問をします。そしてジャンクフードばかり食べていないか、栄養に偏りはないかを調べ、専属の栄養士と話し合ってそれぞれの体質にマッチしたメニューを考えます。正しいメニューを2週間も食べ続ければ、たちまち効果が現れるわ。顔色が良くなり、肌のキメは整い、体が変化したことを感じるでしょう。必要な栄養については個人差があるので断定はできないけれど、オーガニック素材や無添加食品、そして野菜を中心としたメニューがベストなのは、誰にもあてはまることよ。

03

サプリメントとは賢く付き合うの。

食生活を見直すのはとても重要なことだけど、忙しい現代女性たちが完璧に実践するのはなかなか難しいわね。それならサプリメントで栄養補充をするといいでしょう。**ファイナリストたちには、食事メニューと同様に、サプリメントもそれぞれの体質に必要なものを飲むように指導しています。**日本で販売されているものは少量で値段が高いのが残念ね。私の愛飲サプリを見ると、その粒の大きさと量の多さに、みんな驚くの(笑)。ヨーロッパでは、品質にこだわったリーズナブルなものがたくさん売られているし、ヘルスケアの一環として定着しているのよ。サプリメントも食品と同じで、質にこだわることが体にとっては大切ね。

　私が女の子たちに勧めている代表的なサプリメントは「マルチビタミン」ね。これは野菜が不足しがちな現代人には欠かせないものよ。ビタミンB群は活力をアップし、ビタミンCやEは美肌作りに欠かせないわ。整腸作用には「プロバイオティクス」のサプリを。また「フィッシュオイル」に含まれるオメガ3脂肪酸は脳の活性化に効果的なの。グローバルな女性になるという目標に常に集中しておくために、ぜひ飲んでいただきたいわ。

＊Ｐ１６６リスト参照

04

体内毒素を排出＝デトックスして。

食生活の改善、サプリメントでの栄養補充に次いで大切なのは、体の中の毒素を排出（デトックス）させることよ。私たちの体内には、野菜の農薬や汚染された海で泳いだ魚、排気ガス、タバコなどの影響でさまざまな毒素が溜まっているの。そのような状態では、どんなにメイクやファッションで表面を飾っても、残念ながら本当に美しい女性には見えません。最近は日本でもデトックスがブームになっているようだけど、私から見ると、まだまだ本格的に取り組んでいる女性は少ないと思うわ。

ファイナリストの女の子たちには、**必ず病院で血液、甲状腺ホルモン、アレルギーなどの検査を受けてもらいます。**そうすることで体内にどんな毒素が蓄積されているのかがわかり、肌荒れや顔色のくすみ、体のダルさの原因、太りやすい体質かどうかまで浮き彫りになるの。そしてデータをもとに、サプリメント、食事メニュー、エクササイズなど、それぞれの体質に合ったデトックス法を見出して、美しくなるためのプログラムに組み込みます。こうしてファイナリストたちは体の内側から徹底して改善することで、健康的な美を追求しているわ。

05

日本人ほど水を飲むべきね。

日本の女性がよく「水を飲むとむくんでしまう」と言って水分を控えるのはなぜかしら？　それは大きな間違いで、和食は塩や醤油をよく使うから、**日本人こそ血中の塩分濃度を低下させるために積極的に水を飲むべきなのです。**塩分濃度の高いドロドロ血は、美容にはとても悪影響なの。知花くららや森理世、そして私自身も一日に本当にたくさんの水を飲んでいるわ。人間も植物と同じように生きているのだから、美しい花を咲かせるためには水は不可欠よね。

私は、水をあまり飲んでいない女性をひと目で見抜くことができます。顔色がくすんでいて、グレーだから。そういう人はペットボトルを常に持ち歩いて、こまめに飲むべきね。同時にエクササイズなどで代謝を高めて、水分が排出されやすい体質になる努力も忘れずに。

私がお奨めしたいのは、マグネシウムやカルシウムが豊富に含まれた硬度の高いミネラルウォーター。私はエビアンを一日2リットルは飲むけれど、でも毎日のことだから、あなたが「口当たりが良い」と感じる水が一番ベストよ。

beauty

06

食べないダイエットをする人には
退席していただくわ。

beauty

この頃の若い女性には、食べずに痩せようとする人が本当に多いみたいね。私はこの機にぜひ「今すぐにやめなさい！」と言っておきたいわ。

　毎年、ファイナリストの中にも必ず無理なダイエットをしている子がいます。そして、熱いライトを浴びながらハイヒールで立ち続けるようなイベントで、お腹が空いて倒れてしまうの！　そういう女の子にはその場ですぐに「帰って」と告げるわ。**健康的な美を目指すミス・ユニバース・ジャパンのファイナリストにはふさわしくないからよ。**

　森理世はミス・ユニバースに輝いた時のインタビューで、「どんなダイエットをしている？」との質問に「ダイエットはしていません。体に良い物を食べ、エクササイズをすれば十分です」と答えたの。ダイエット用のクッキー一枚で我慢するようなスキニーは世界一の美女にはなれない、ということをまさに理世が証明したのです。

07

「オイル＝太る」は勘違いよ。

「水を飲むとむくむ」という勘違いと同様に、オイルを控える女性がいますね。確かに、油まみれの揚げ物ばかりを食べていたら美容にも健康にも良くないけれど、最低限のオイルは必要よ。**どんなに美しいスポーツカーも、オイルを積んで走らなければただのおもちゃでしょ？**　それは人間も同じ。きちんとエネルギーが満たされていて、仕事や恋愛、ボランティアなどの社会活動をアクティブにこなしてこそ、周囲から魅力的な女性と思われるのよ。

ただし、オイルにも良質のものと悪質のものとがあるので、きちんと選ぶこと。オリーブオイルはオレイン酸が豊富で、悪玉コレステロールを下げるから体にはとってもいいのよ。オーガニックのオリーブを100％使用したエクストラバージンオイルなんて最高ね。

オイルを使った料理にどうしても抵抗がある人は、フィッシュオイルのサプリメントで摂取するといいでしょう。

※Ｐ166リスト参照

beauty

08

ヘルシーな和食は大歓迎。

私は日本にすでに10年も住んでいるので、和食にもすっかり親しんでいます。野菜をふんだんに使う和食はヘルシーで素晴らしいと思うわ。日本の女性たちの肌や髪が世界の中でも際立って美しいのは、幼い頃から和食を食べているからかもしれないわ。ただ残念なことに、最近の若い女性たちには、ジャンクフードや手軽に買えるお弁当や冷凍食品で食事を済ませる人が増えているわね。せっかくヘルシーな母国料理に恵まれているというのに、それはとてももったいないことよ。たとえ忙しくても、やはり食生活をおろそかにしてはダメ。

和食の中でも、私がとくに美容に良いと思うのは、野菜をたくさん食べられる鍋料理。焼き鳥も、炭火でグリルすることで無駄な動物性脂肪が取り除かれるのでヘルシーよね。同じグリル料理ではウナギが、美肌効果のあるビタミンＥやＤＨＡ、ＥＰＡが豊富なので女性に適しているわ。お米に関しては、**精米された白米より栄養価の高い玄米を食べるように**、とファイナリストの女の子たちにも奨めています。

09

甘いものが食べたいなら、
キャンディーよりフルーツを選んで。

ケーキ、ドーナツ、アイスクリーム……。女の子たちは本当にスイーツが好きで、ファイナリストも例外ではないの。この本の読者にも「それだけは我慢できない」という人がたくさんいるでしょうね。そんなに大好きなものを取り上げてしまうのはとても気の毒だけど、やはりスイーツの食べ過ぎは美しくなろうとする女性にとっては厳禁！　まず、高カロリーだから太るのは必然よね。そして砂糖は皮膚のアクネ菌を増殖させ、ニキビの原因になると言われているの。もしどうしても甘いものが欲しくなったら、キャンディーを口に放り込むのではなく、代わりにフルーツを食べるのはいかがかしら？

美容に効果的なフルーツをいくつか例に挙げましょう。ブルーベリーは抗酸化物質であるアントシアニンがたくさん含まれています。同じくイチゴもアントシアニンとビタミンCが豊富で、このふたつはアンチエイジングのためにぜひ食べておきたいもの。ビタミンCを摂取するならオレンジ、食物繊維とミネラルも含むリンゴもいいわね。

そしてコーヒーや紅茶を甘くして飲みたい時は、**砂糖の代用として、ローヤルゼリーやプロポリスの豊富なハチミツを入れましょう。**

10
パーフェクトな口もとを！

beauty

もしあなたがミス・ユニバース・ジャパンを目指すなら、世界クラスの美しさを求めていると言うのなら、自分への投資は惜しみなく。とくに**歯並びは、多少の金額をかけてでも美しく整えていただきたいの。**同時にホワイトニングも念入りにして頂戴ね。

今のあなたに金銭的な余裕がなければ、「私が美しくなるために協力して！」とあなたのお母さまに、お母さまがダメならおばあさまに心を込めてお願いして、歯列矯正にトライしましょう。実際に、ミス・ユニバース・ジャパンのファイナリストとして最終段階まで勝ち残る女の子たちは、家族のチームワークが大きな支えになっています。

歯並びがパーフェクトに美しくなれば、あなたは大勢の前で堂々と笑顔を見せることができるでしょう。そして自信に満ちたその百万ドルの笑顔は、必ず多くの人々を魅了するはずよ。

11
朝のメイクアップは音楽を聴きながら。

一日の始まりはとても大切。朝の気分次第でその日をハッピーに過ごせるかどうかが決まるわ。「今日は特別におしゃれをしたい」と思う日は、10分でもいいから早く起きましょうね。そして気分が高まるような、テンポの良い音楽をBGMにしながら丁寧にメイクアップを。心が弾んで、楽しみながらメイクをすると、明るく活き活きとした仕上がりになるわ。その反対に、悲しみで胸が押しつぶされそうな状態で鏡に向かって、ちっとも上手にメイクが乗らなかった経験は誰にでもあるはずよ。内面のあり方は、外側の美しさに大きく影響を与えるものなの。

朝食を摂りながらファッションマガジンを読むのもいいわね。**「今日はとびきりゴージャスでセクシーに決める？　それともフェミニンがいい？」**とイメージトレーニングをしながら。そして最新モードを纏った美しいモデルたちの中から、その日のフィーリングに合うタイプをチョイスして、「今日、私はこの人になるんだ」と思い込んでからドレッサーに向かうの。たとえ顔の造りが違っても、内面のイメージがあなたの仕草や表情を変えて、周りに鮮烈な印象を与えるでしょう。

12

ファンデーションが厚過ぎるわ。

私が10年前に日本に来てまず最初に気になったのは、「日本の女性はファンデーションを厚塗りしている」ということ。ここ3、4年で女性たちのメイクアップのスキルは格段に進歩して、美しくセクシーに装った人がとても増えたと思うわ。でも、「ファンデーション＝隠す」という発想を持っている女性がまだまだ多いように感じるの。

何度も言うように、正しい食生活、サプリメントでの栄養補充によって体の内側から磨かなければ、肌のキメは整いません。その努力を省略してメイクでごまかそうとするから、厚塗りになるんでしょうね。体が健康であれば肌は内側から輝くような明るさを宿すから、あとはクリームでしっかり保湿をして、ほんの少しのファンデーションを薄く伸ばすだけで十分よ。ただもう一点気になるのは、日本女性は「美白」に夢中で、**本来の肌色より白いファンデーションを選びがちなこと。**アジア人の顔はやや大きくてフラットだから、白いファンデーションを厚塗りすると、余計にのっぺりと見えてしまうの。自分の肌がオークル系ならそれに近い色を選ぶなど、パーソナリティに合ったメイクを覚えるべきよ。

13

日本女性を引き立てるのは
ミステリアスなスモーキーアイ。

森理世をミス・ユニバースの世界大会に送り込むにあたって、メイクでもっとも重点を置いたのは目元よ。確かに欧米人などに比べたら、日本人の顔は平面的であり、強いインパクトを与えるのは難しいかもしれない。でもその代わりにとても美しい黒い瞳を持っているわ。それを活かすメイクアップ・テクニックが「スモーキーアイ」なの。

まず、リキッドアイライナーで上下のまぶたのインサイドにラインを描いて頂戴。上まぶたのアイラインにはさらにダークカラーのアイシャドウを。すると黒目と引き立て合い、目全体がよりいっそう大きく見えるはずよ。そしてアイホールに乗せるアイシャドウに薄暗いブルーやグレーは使わないこと！　眉の下から明るめのホワイト、ピンクベージュなどで美しいグラデーションを描いて。まぶたの上はアーモンド状にゴールド系ブラウンを乗せて。ミステリアスな陰影を描くこの「スモーキーアイ」は、日本女性のオリエンタルな魅力を引き立てながら、**同時に世界に通用する目力をもたらしてくれるテクニックよ。**日本の男性に好まれる「かわいい」とはかけ離れた雰囲気かもしれないけれど、試す価値はあるわ。

＊Ｐ１６２イラスト参照

14

バッグには良いマスカラを必ず一本。

「スモーキーアイ」の仕上げとして絶対に欠かせないのが、マスカラ。このマスカラだけは、必ず皆さんにも上質のアイテムを探していただきたいわね。フランスの女性たちは、時間がなくて**他のメイクアップは省略してもマスカラだけは丁寧に塗るものよ。**そしてバッグに入れて、いつでも持ち歩いているの。

アイライナーやアイシャドウで目の周りに陰影を持たせたら、最後に、ボリュームアップ効果のあるブラックやダークブラウンのマスカラを上下のまつ毛にしっかりと乗せましょう。そうすると日本女性の美しい黒目にまつ毛がセクシーな影を落とし、よりミステリアスな「スモーキーアイ」が完成するわ。

目は、顔のパーツの中でもっとも美しさを訴える力を持っているの。森理世は必ずしも世界一美しい造形ではなく、むしろ個性的な顔立ちと言えるでしょう。でもメイクの効果もあって、世界大会では審査員たちのハートを射抜くような抜群の目力を発揮することができたわ。メイクは、内面からの自信をさらに高めてくれるちょっとした魔法ね。あなたも今日からさっそく良いマスカラで、目力をアップさせましょう。

＊P162イラスト参照

15
チークでフレッシュに！

ファンデーションで肌色を均一に整えたり、シミやシワ隠しに真剣に取り組むことよりも大切なのはチークよ。チークを巧みに使いこなさないとフラットで印象の薄い顔になるし、実際の年齢より老けて見えるわ。

チークはパーツ別にさまざまな色を用意しましょう。まずフェイスの縁にはダークなブロンザーパウダーを使います。唇をちょっと前に突き出すと頬が窪むでしょう？　その窪みからアゴの外へ向って大きなブラシで乗せていくのよ。そして髪の生え際、アゴのエラ下から左右の首筋へも。そうすると顔の中央が浮き立って、小顔に見えるの。

そして一番のポイントは頬骨の上に明るいピンクやオレンジのチークを乗せること！　そのひと刷毛でフェイスに花が咲いたように華やかな印象になるわ。同じ色をTゾーンの真ん中とアゴ先にほんの少し乗せると、さらにフレッシュになるでしょうね。もしチークを忘れてしまったら**「指先で頬骨の上をつまみなさい」**と女の子たちには教えているのよ。血行が良くなって頬に赤みが差すから天然のチークね（笑）。ともかく頬の明るさは女性には不可欠だから、絶対にチークは忘れないで。

＊P162イラスト参照

beauty

16
全身をメイクアップするという発想。

あなたの外出準備は、メイクで顔を作り込んでおしまいかしら？ 知花くららや森理世は違うわ。そこからさらにデコルテ、腕、脚にモイスチャークリームをたっぷり塗り込んでいくの。だってよく考えてみて頂戴。あなたは小さな鏡だけを見て、雑誌に載っている通りに完璧にメイクアップをし、美しく変身したつもりかもしれない。でも周囲の人はあなたの顔だけではなく、ブラウスからのぞく首や胸元、ミニスカートから伸びる脚まで、全部を目にしているのよ。**それなのに顔だけ仮面のようにパーフェクトなメイクなんて、おかしいとは思わない？**

クリームに少しリキッドファンデーションを混ぜて、腕や脚などの露出する部分に塗ると自然な肌色に仕上がるわ。あるいはセルフタンニングのアイテムを使ってもいいでしょう。そしてここでもブロンザーパウダーを活躍させて。胸の谷間に大きなブラシでサッと乗せると、デコルテが眩しく輝くの。腕は外側の骨に沿って縦にブラシを滑らせ、膝下はスネの骨に沿ってやはり縦にパウダーを乗せて。腕と脚に自然な陰影が付き、程良くスリムに締まって見える小さな工夫よ。

17

パートナーが思わず、
キスしたくなる首を。

顔のスキンケアのためには高級ブランドのアイテムを一生懸命に揃えるのに、**ほんの数センチ下の首のケアをおろそかにする人の気持ちがわからないわ。**メイクラブの時に、あなたの恋人は首にキスをするでしょう？　それは女性のネックラインがとても魅力的だからよ。それならケアは念入りに行わなくてはいけないいんじゃないかしら。

フランスのコスメショップでは首専用のモイスチャークリームを扱っていて、実際にとてもよく売れているの。でも各パーツごとのクリームを買うのはお金に余裕のある一部の女性たちだから、一般的には、日本のドラッグストアでもよく売られている普通のボディクリームで十分よ。私はクリームを手に取ったら、そこにほんの少しだけパフュームを垂らすの。お気に入りの香りに包まれて首からデコルテにかけてマッサージをしていると、最高にセクシーな気分になれるからお奨めよ。

丁寧にケアされた、あなたの艶やかなネックラインに、街のナイスガイたちの視線は釘付けになるに違いないわ。

18
世界が憧れる、アジア人のロングヘア。

「グローバル」な、という意味での美女を目指すのなら、髪型はロングヘアであるべきよ。日本の人気タレントにはまるで子供のようなショートヘアの女性が何人かいるけれど、それはきっと一部のマニアの好みを満たすものなんでしょうね。でも広く世界を見れば、**やはり長い髪こそが女性の美しさの象徴と考えられているわ。**

アジアの女性の髪はツヤとハリとボリュームがあって、とってもゴージャスよ。顔に少し垂らした黒髪なんて素晴らしくセクシーだわ。実は欧米の女性たちは、髪質が細くて貧相に見えてしまうことをとても気にしているの。ボリュームアップさせるために必死なのよ。口にこそ出さなくても、アジア人の髪質に密かに憧れている人は多いでしょうね。

もしショートヘアやセミロングがどうしてもお気に入りなら、サロンでヘアカットする時に「あまり梳かないで」とオーダーすること。ロングヘアでも同じね。頭を小さく見せたくて毛先を梳くのかもしれないけれど、それは逆で、ボリュームダウンさせた髪型ではむしろ顔が大きく見えてしまうわ。せっかくの美しい髪は、豊かになびかせましょうよ。

*P164イラスト参照

19

ファッションポリスから警告するわ。

私は毎年、ミス・ユニバース・ジャパンのファイナリストたちに「あなたのお気に入りのワードローブをすべて持ってきなさい」と告げるの。そして彼女たちが持ってきたスーツケースいっぱいの服を「これは着てはダメ、これもダメ」と細かくチェックしていくのよ。女の子たちには「ファッションポリス！」と怖れられてしまうわ（笑）。

ミス・ユニバースで勝者になれるのは、ただ着せ替えられるだけのバービー人形のような女の子ではないの。自分自身をプロデュースできる自立した女性よ。ビューティ・コンペティションのみならず、グローバルに活躍する女性というのは、**いつどんな華やかな場所に招かれるかわからないわ**。だから、自分の魅力を最大限に引き出すファッションを心得ておくのは当然のこと。そのためには最新の流行を発信するファッションマガジンに常に目を通しておき、気に入ったスタイルの写真を集めてコラージュを作りましょう。それをクローゼットのドアに貼り、着替える時や、ショッピングに行く直前に目を向けてみるの。その積み重ねで、徐々に自分らしいスタイルが身についていくはずよ。

20

どうしてタートルネックを着て
美しさを隠してしまうの？

森理世は今でこそセクシーなドレスを着こなしているけれど、以前はとてもシャイガールだったわ。せっかくの豊かなバストや滑らかなデコルテを、タートルネックを着て隠していたの。理世に限らず日本の女性たちは、自分の体の美しさを、ボディラインの出ないコンサバティブな服で隠そうとする傾向があるわね。でも着物の時代はとっくに終わったのよ。もっとセクシーなファッションを楽しんでもいいんじゃないかしら。

バストとデコルテは女らしさがもっとも際立つ部分だから、**誰に限らずオープンにしておいて欲しいわね。**ブラウスなら、いつもよりボタンをひとつ開けるぐらいの感覚でいいと思うわ。あとは自分が「自信がある」と感じるボディパーツが主役になるようなデザインを選ぶように心がけて。しなやかな腕が自慢ならノースリーブを、長く引き締まった脚ならミニスカートやホットパンツを。そして着こなすコツは「私は美しい」という自信を持ち、堂々と振る舞うことよ。その気持ちが人々の視線を惹き付けるパワーになるわ。

21
ショッピングで失敗を怖れない。

グローバルな美女にファッションセンスは必須だけれど、初めからスタイリストのように完璧なコーディネートができる人なんていないわ。ショッピングには失敗がつきものよ。でも失敗を怖れずに、次のことから少しずつ学んでいきましょう。

まずあなたの「ファッション・アイコン」を決めるの。キャメロン・ディアスでも、アンジェリーナ・ジョリーでもいいから、自分がファッションのお手本にしたい人を頭に思い浮かべてみて。そしてショップで服を手に取った時に「彼女なら今、これを買うかしら」と問いかけるの。もし答えがイエスなら、自分にはまだ着こなす自信がなくてもトライしてみるべきよ。また信頼できる友人とショッピングに行くのもいいわ。そして試着室から出た時に、自分はキャメロン・ディアスに見えるか、それともおばあちゃんみたいなのかを、友人に率直に伝えてもらうの。あるいは前に買った物を着てみせて、アドバイスを求めたり。もし友人が「オールド（古臭い）だわ」と言えば、その服はもう誰かにあげてしまうか、慈善団体に寄附をして、二度と袖を通さないべきね。

22

着るべきは安いナイロンの服より
上質なコットンのTシャツ。

若い女の子たちがこぞって集まるショップや雑誌に、安いナイロンの服がたくさん並んでいるのはウンザリね。もし「安いから」という理由で買っているのなら、すぐに止めるべきだわ。

フリルのミニスカートやカットソーなど、フェミニンなデザインのナイロン製の服を、「サラリーマンの男性たちにモテる」と思って着ているのかもしれないわね。**でも安い素材のものは、どうしても女性を「安く」見せてしまうの。**それならいっそ、同じ値段でもコットンのTシャツを着ているほうがよっぽどフレッシュで素敵よ。若い女の子が憧れる日本のモデルやタレントたちも、撮影以外ではTシャツにデニムというシンプルな服装を好んで着ているのをよく見かけるわ。

限られた予算で、スタイリッシュな女性に見えるファッションを狙うなら、白いコットンで、ボディにピタリとフィットするようなプレーンなTシャツを迷わず買いましょう。

23

あなたの考えるワンサイズ下が
ジャストサイズのジーンズよ。

ファッションアイテムで、ジーンズほど便利なものはないわ。Tシャツにジーンズという組み合わせでも、美しいハイヒールと大ぶりのネックレスをコーディネートさせれば、シンプルな中にもエレガントさが漂うでしょう。ビジネスシーンなら、上質のジャケットを合わせればクールな女性に見えるでしょうね。おしゃれが上手な女性ほど、あらゆる場面でジーンズをフル活用させているわ。私もジーンズは大好きよ。

日本の女性たちもさまざまなデザインのジーンズを履きこなしているけれど、私にはちょっと気になることがあるの。みなさん、サイズが合っていないんじゃなくて？　ジーンズは女性らしいヒップラインがあらわになるところが魅力なのだから、ブカブカに履いてはダメ。今あなたが持っているジーンズの、おそらくワンサイズ下がジャストフィットすると思うわ。ショップの試着室では苦しくても、自宅の床に寝て、お腹を引っ込めた状態ならジッパーは上がるはず。そしてヒップが大きい人は小さなポケットのジーンズを履くと小尻に見えて、小さ過ぎる人は大きいポケットのものを履くとボリュームあるセクシーなヒップに見えるわ。

24

ハイヒールを買いましょう。

エレガントなハイヒールで颯爽と歩いてこそ、女性ならではのエレガントな姿。でも残念なことに、日本女性の多くはそのことに気付いていないようだわ。「私にはどうせハイヒールは似合わない」と思い込んで、まったく履かない人すらいるみたいね。**もし「ハイヒールは疲れるから嫌」と言うのなら、あなた、まったくのトレーニング不足よ！**

森理世も、知花くららも、私のメッセージをきちんと受け止めて200％の力でトレーニングに挑んでくれたわ。世界大会では、他の国の代表たちが寝静まった夜中に、ホテルの廊下でハイヒールを履いたウォーキングを練習したものよ。その結果、堅実な練習が自信に繋がり、本番のステージでふたりはパーフェクトなウォーキングを披露できたの。

もし、女性としての自信や魅力を高めてくれるようなハイヒールを買うのなら、ファッションマガジンを参考にするのが簡単ね。でも必ずしもそれがハイブランドの靴やピンヒールでなくてもいいのよ。自分のワードローブにきちんとマッチして、歩きやすいと感じることができる、あなたにとってのベストなハイヒールを探しなさい。

25

ストッキングを脱いで頂戴！

日本では、ストッキングを履いている女性を本当によく見かけるわ。ファンデーションの厚塗りと同じように、みなさん、必死に肌を隠そうとしているのね。でも私に言わせれば、ストッキングはセクシーさの対極にあるものよ。もちろん、あなたが保守的な女性でありたいという信念の持ち主なら履いてくださってかまわないの。でも繰り返し言うように、日本女性の肌は世界の中でも抜きん出た美しさなのよ。それを肌と同系色のストッキングで隠すなんて、私には意味がわからないわ。ましてや**肌色のストッキングであの美しいジミー・チュウの靴を履くなんて！**

魔法の言葉16でお話ししたように、モイスチャークリームをたっぷり塗ってブロンザーパウダーを乗せれば、立体感のある美しい脚に見えるのよ。それに、ハイヒールを履いていると自然と脚の筋肉は引き締まって、シャープなレッグラインになるはず。そして何より「脚まで見られている」と自覚することがとても大事なの。「見られている」という意識は女性が美しくなろうとする最大のきっかけになるわ。

26

胸の谷間は3センチ。

駅やコンビニで売られている雑誌の表紙を水着の女の子たちが飾っているけれど、どうしてあんなに胸の谷間を寄せているのかしら。男性読者は喜ぶのかもしれないけれど、明らかに不自然だわ。**そのエロティックは、広い世界と比べれば、ほんの少人数のニーズを満たす「国内向け」のものに過ぎない**ということを覚えておきましょうね。

例えば、ビキニを着たキャメロン・ディアスの胸元は強引には寄せられていません。ごく普通の女性の体なら谷間は3センチぐらい空いているのが自然よ。水着も、セクシーなドレスを着たときもそう。また、バストが小さいからといって大量にパットを入れるのもいただけないわね。だってもし素敵な男性の前で屈んだ時にパットが見えてしまったら一大事よ！（笑）　また日本の女性たちの中には大き過ぎるブラを着けている人が結構いるように思うの。恥ずかしくて胸全体を覆ってしまいたいのか、大きく見せたいのかわからないけれど、私には「カップの中でバストが泳いでいる」ように見えるわ。バストの見栄えを良くしたいなら正しいサイズのものを身に着けるか、もっとエクササイズに励みなさい。

27

下着とアウターをコーディネート。
恋人がいないときでも忘れずに。

女性としては、ランジェリーのおしゃれも最低限のたしなみよね。まさかこの本の読者に、ブラとパンティーの組み合わせがちぐはぐ……なんて人はいないと願いたいけれど。

例えば私は、その日に着ているアウターが黄色なら、下着も黄色の入ったものを身に着けるようにしているわ。フランスの女たちはそうやって服とのコーディネートを楽しんでいるの。トイレに入ってふと**自分のパンティーを見た時に、それがとてもキュートだったらちょっと気分が上がるじゃない？**　反対にセクシーさのかけらもない、薄汚れた、大きなパンティーだったら、「私はなんてダメな女なんだろう」と気分が落ちてしまう。どこかひとつでも手を抜くと自信が喪失され、表情にまで出てしまうの。だからいつでも女としての自信をキープしておくために、外には見えないランジェリーにまで注意を払うこと。今あなたが恋人のいない時期だとしても、美しいパンティーやキャミソールは女らしさの象徴だから、自分への投資として素敵なものを揃えましょう。

28

Tバックを履きなさい。

ボディに吸い付くように繊細な生地の、スリムなデザインのドレスを身に纏った時。ヒップにパンティーのラインが浮かび上がるなんてとんでもない！Tバックはファッションを楽しむ女性に必須のものよ。

ミス・ユニバース・ジャパンのファイナリストたちには、「必ずTバックを履くように」と言ってあります。私がディレクターを務めている以上、おばあちゃんの愛用品のような大きなパンティーを履いた女の子を世界大会に送り込むことはできないわ。

あなたがビューティ・コンペティションに挑むわけではなくても、日常の中に、ヒップラインがはっきり表れるジーンズやタイトスカートを履く機会はたくさんあるでしょう。それにあなたのパートナーだってセクシーなパンティーは大歓迎のはずよ。もしTバックを一枚も持っていないなら、さっそく買いに行って頂戴。

29

ビキニラインにかみそりを。

毎年、ファイナリストの新しい女の子たちと出会うたびに私は本当に驚いてしまうの。アンダーヘアの処理をしていないなんて！　まるで手入れをしていない状態のままで世界大会に挑んだら、**他の国の代表たちのいい笑い者よ**。なぜなら、ミス・ユニバースの大会では水着もドレスもスピーディーに着替えなくてはいけないの。もちろん、他の代表やスタッフのいる前でね。そんな時にもしパンティーからアンダーヘアがはみ出していたら……。想像するだけでも恐ろしいわ。

みなさんもTバックを履くことを考えれば、当然、アンダーヘアの処理は必要よ。エステティックサロンでビキニラインの面積を小さくしたり、カミソリでまめに剃ることね。そしてハサミで長さも短く切り揃えること。うっかり忘れてアンダーヘアでパンティーが盛り上がっているのは、もはや女性とは言いがたい絶望的な状態ね。それにヘアが長いと不衛生だし、パートナーにも失礼よ。アジア人は髪質が太くて黒いのだから、なおのこと丁寧に処理をすること。

30

香水をお忘れじゃない？

ドレスアップをして外出する前に、香水をひと振り。女として最高に官能的な気分になれる瞬間よ。ヨーロッパでは、女性に限らず男性だって香水を愛用しているわ。比べると、日本ではそれほど大勢の人がいつも香水をつけているわけではないみたいね。

「いい香りがする」というのは、美しい女性の必須条件なの。それなのに、狭い部屋でタバコを吸ってクローゼットの中の服まで臭くして、平気でそれを着てくる女の子がいるからとてもショックだわ。もしオフィスで香水が禁止なら、せめて香りのいい洗剤と柔軟剤で服を洗うのよ！

香水は手首や胸元や首筋に付けるのがオーソドックスだけど、それでは「香りがきつ過ぎる」という場合。私からのちょっとしたアドバイスは、**脚のスネ辺りに付ける**、ということ。ジーンズのようなカジュアルスタイルの時にもね。あなたが歩いたり、脚を組み替えるたびに、ほのかにいい香りが漂って、とてもセクシーな演出になるわ。

31

ネイルケアをしてこそ女の手よ。

ネイルケアをしていない女性の、短く切り込んだ爪や汚れた爪を見るとギョッとしちゃうの。まるで男の手みたいなんですもの。

世の中の男性たちは、女性のネイルケアまでは気に留めていないかもしれません。でもこれも下着と同じで、女としての自分への投資だと思って、なるべくサボらないでいただきたいわ。程良い長さと形に整えられ、鮮やかなカラーで塗られた自分の指先を見ていると「私は女なんだわ」という実感が湧くでしょう。その気持ちが大切よ。たとえ小さな爪にも、常に女性としての意識を巡らせておくの。

きちんとネイルケアをしていれば、デートで訪れたレストランで堂々とシャンパングラスに手を伸ばすことができるでしょう。**トーク中に美しい指をさりげなく首筋に添えるなんて、誘惑のポーズとしては間違いなく効果的よ。**でも思わず隠したくなるような汚い爪では、萎縮してしまって、人前で美しい女性として振る舞うことができなくなるかもしれないわ。

一か所でも何かが欠けていると、女性としての自信は損なわれる。この法則を忘れないで。

32

小さなアクセサリーをたくさんより
大きなものをひとつ。

ピアスやイヤリング、ネックレス、ブレスレット、指輪……。安くて、小さな、キラキラ光るアクセサリーを体のあちらこちらにつけている女の子を街で見かけると、私は思わず**「メリー・クリスマス！」と声をかけたくなっちゃうわ。**まるで飾りをぶら下げられたクリスマスツリーね。

たくさんのアクセサリーでおしゃれに見せるのは、あなたが想像している以上に難しいファッションテクニックなの。それならば、大きくてインパクトのあるネックレスをひとつだけつけているほうが、よっぽどスタイリッシュに見えるわ。あるいはビッグイヤリングかブレスレットのどちらかを。片方の足首にアンクレットだけ、というのもセクシーね。そして指にはただひとつの高級なリングがはめられているだけで、あなたはマチュア（成熟した）な女性として一目置かれるわ。

美しい女性は存在そのものが華なのだから、無理にデコラティブである必要はないの。アクセサリーを身につけるのなら、できるだけシンプルを心がけましょうね。

33

パーティーにはシンプルなシニヨンで。

グローバルに活躍する女性ともなれば、必然的にパーティーに呼ばれる機会も多くなるでしょう。そこでパーティーでの自分の見せ方をパーフェクトに心得ておく必要があるわ。ドレスの選び方から着こなし、小物使い、そしてヘアスタイルも。会場中があなたに注目することを想像して、万全の準備をしなければなりません。

パーティーではドレスが華やかなものになるから、ヘアスタイルはむしろシンプルでいいの。友人の結婚披露宴に出席する女の子たちのような**派手なアップスタイルで行く人は、まさかいないとは思うけれど、**それだけはやめて頂戴ね。「センスのいい女性」という評価を得られるとは思えないわ。わざわざサロンでセットをお願いしなくても、髪をタイトに束ねて後ろで丸めたシニヨンで十分よ。そして大きなイヤリングかネックレスを合わせれば、申し分なくクラッシィな装いになるのよ。

34
ドレスが映える身のこなしを。

私はいつもさまざまなパーティーに出席しているけれど、ミス・ユニバース・ジャパンのディレクターという仕事柄、どうしても会場にいる女性たちのことを観察してしまうの。その中にはゴージャスなイブニングドレスを着ているのに、まるでエレガントに見えない人もいるわ。

せっかくのドレスを無駄にしないために、一番気をつけるべきは背筋のピンと伸びた美しい姿勢で歩くことよ。日本にはヒップを突き出してすり足で歩く人が本当に多いから困っちゃうわね！　幸いにして森理世はダンサーで、ドレスを着て華麗に歩くだけの脚力、腹筋、背筋に恵まれていたから、歩き方を教えるのにそれほど苦労はしなかったわ。

そして、パーティー会場に足を踏み入れた瞬間からの表情も大切よ。自信に満ちた笑顔で、周囲の人々にアイコンタクトをしながらゆっくりと会場の中を進んでいくの。握手をする場合は男性や子供のように両手で力を込めて握ったりせず、**ゆっくりと片手を差し出せばいいわ。**「自分は美しく、人々の心を捕らえている」と信じることで、あなたは実際に驚くほどの注目を集め、その場の雰囲気を支配してしまうでしょう。

35

お願いだからビュッフェに走らないで！

私たち女性は、「周りの人々が自分をどのような存在として見ているのか」ということを常に意識しておく必要があるの。例えば女性はパーティーの華だから、それらしい服装はもちろん、振る舞いにも細心の注意を払わなければいけないわ。でも実際のパーティーでは、そのことを忘れている女性たちがたくさんいるからとても悲しいわね。せっかくファッショナブルに着飾って来ているのに、会場に着くやいなやビュッフェに猛突進していったり！　そして壁際で黙々と食べているその姿を、会場の大勢の人が見ているのよ。**「お腹いっぱい食べて帰って得をしよう」という浅ましい考えが見え見え**だということに、どうして気付かないのかしら。一体、彼女たちは何のためにおしゃれをして来たのか、私にはさっぱりわからないわ！

パーティーは食事をする場ではありません。メインはあくまでも社交であって、親しい仲間とトークを楽しんだり、時代を動かしているリーダーたちと情報交換をしたり、有意義に過ごすための時間よ。決して「タダでご飯を食べられるチャンス」などとは思わないで。

beauty

36

パーティーで飲むべきもの、
それはシャンパン。

シャンパンはハッピーな気分にさせてくれる最高のドリンクだから、パーティーには欠かせないわね。美しい女性ほど、上質のシャンパングラスを手にしている姿が様になるわ。

よくパーティーで赤ワインを飲んでいる人を見かけるけれど、控えたほうがいいでしょうね。赤ワインは、レストランや家で食事とともにいただいてこそ美味しいのよ。それに赤ワインの渋みは着色しやすくて、人によっては歯が黒ずんで見えてしまうの。**せっかくの美しい笑顔が台無しね！** ドレスにこぼして真っ赤に染まるアクシデントもあり得るわ。

また食事と同じで、「せっかくだからタダでたくさん飲んで帰ろう」と張り切るのは、エレガントな女性のするべき行動ではないので止めて頂戴。ゴージャスなドレスを着ているのに顔がトマトみたいに赤いなんておかしいわ！ 酔っぱらって乱れるのは言語道断ね。もし自分が飲めない、酔いやすい体質なら、パーティーでのアルコールは慎むこと。シャンパンは乾杯のためのグラス一杯で終わりにして、ペリエなどのガス入りウォーターに切り替えるといいわ。

37

家に全身が写る鏡はあるかしら？

私はファイナリストの女の子たちをよく自宅に招きます。そして全身が写る鏡を3台用意して「服を全部脱ぎなさい」と告げるの。もちろん下着も全部よ！　女の子たちは本当にびっくりして、とても恥ずかしがるわ（笑）。でも日本人はみんな一緒に裸で温泉に入ったりするのに、なぜ恥ずかしいの？　それに自分の体のあらゆるパーツを鏡でチェックするのはとても大切なことよ。そしてお互いに「ここはもうちょっと鍛えたほうがいいんじゃない？」という意見交換も。人に指摘されると、思いがけない点に気付くことができるからとても貴重なの。こういったトレーニングを半年も続けていると、**彼女たちは自分のヌードに自信を持つようになって**、女の子同士で「あなたのバストは本当に美しいのね！」と褒め合えるぐらい堂々となるわ。時には「夫と子供が帰ってきたわ！　早く服を着て！」と私が慌てるシーンがあるくらいよ（笑）。

バスルームに貼り付けられている、顔しか写らない小さな鏡ではダメ。等身大の鏡を用意して、毎日ヌードでチェックを。そして自分の体の自慢できるところ、直すべきところを両方把握しておくようにね。

beauty

38

そしてデスクにも鏡を置きなさい。

どんな瞬間も気を抜かないように、鏡はいつも身近に置いておくことをお奨めするわ。とくに油断しがちなのはオフィスでの仕事中ね。忙しく働いていると自分が女であることをついつい忘れてしまい、しかめっ面をしている時があるでしょう。髪が乱れ、メイクが崩れかかっている危機的状況にすらまるで気付かなかったり！　オフィスの仲間たちはそんなあなたの姿を見逃してはくれないはずよ。

そこで、デスク上のパソコンの横に鏡を据えましょう。これは私自身もオフィスで実践していることよ。ふとした瞬間に目を向けると、まるで自分とは思えないような間の抜けた顔が写って驚いてしまうわ！　そして慌ててトイレに駆け込んで、髪を手でサッと整えたり、リップグロスを塗ったりして応急処置をするの。**自分自身に女性としての緊張感をキープさせておく**にはとても効果的よ。そして電話で話をする際にも、ぜひ鏡を見て欲しいの。自分がどんな表情をしているのかがわかって、実際の会話にも役立てることができるわ。

39

スピーディーに歩く。

これもまた、日本に来たばかりの頃に真っ先に目についたこと。どんなに若い女性でも、「あなた、具合が悪いの?」と声をかけたくなるぐらい元気のない歩き方をしているわね。足を小幅にズルズルと引きずり、肩と腰をだらしなく落として。街中が同じような姿勢に見えて、私は「この歩き方が日本で流行っているのかしら?」と思ったほどよ。

どれだけ顔だちが美しくて、ファッショナブルな女性であっても、覇気のない歩き方をしていてはちっとも魅力的に見えません。**街中の人が思わず振り返るようなウォーキング**を身につけましょう。それにはまず、足先だけではなく、ヒップや腿などの下半身全体を使って歩くことを心がけて。足幅は大きく、タンタンタンとリズミカルに。そしてもっとスピーディーに歩くのが大切。今のあなたの歩き方では、「ゆっくり」が「もったり」に見えてしまっているのだから。きちんと歩きさえすれば、あなたの印象はとてもフレッシュで躍動感のある女性へと変わるわ。しかも、下半身をシェイプさせるエクササイズにもなるはずよ。

40

アゴを2センチ上げて。
ここをステージだと想像するの。

うつむきがちに歩いていて、道に何か素敵なものが落ちているのかしら？ ただでさえアジア人は顔が大きいのだし、下を向いていると首が短く見えるからとても損よ。二重アゴにもなりやすくなるわ。

あと2センチ、アゴを上げなさい。首筋を伸ばすと小顔に見える効果もあるし、何より視野が広がるわ。日本人はとてもシャイで、なるべく他人と目を合わせないようにしているから目線が落ちてしまうのでしょうね。でも**アイコンタクトは人を惹き付ける最上のテクニックよ。**ミス・ユニバースの世界大会では、理世にこう教えたの。ステージの横には数メートルおきにカメラが設置してあるから、ウォーキングをしながら必ず目線を送りなさい、と。「ワン・ツー・スリー、カメラ！」と頭の中でカウントをして。それによって理世は会場の観客を魅了しながら、同時にモニターを見ている審査員たちのハートも捕らえたのよ。

自分の魅力を最大限に表現する「ステージパフォーマンス」の意識はどんな女性にも必要よ。街中を歩いている時や電車に乗っている時に、いつもより少しアゴを上げ、周りを見渡すことを思い出して。

41

日本女性は下半身の
シェイプアップが必要ね。

私は10年間も日本の女性たちの体を見続けているけれど、ウエストから下の下半身が、全体的にトレーニングが足りないと思うの。それに比べて上半身はまるで幼い少女のように痩せっぽちであることも、とても気になっているわ。おそらくそれはエクササイズを省略し、「食べないダイエット」で痩せようとしているからなのでしょう。そしてやはり水分不足の影響で代謝が落ちているから、かえって下半身がむくんでしまうんだわ。その他にも、床に直に座る生活や、正座をする習慣、足先だけを小幅に動かすウォーキングなど、色々な要因が考えられるわね。

繰り返し言うように、**歩いている姿は魅力を大きく左右する**ものなので、エクササイズで下半身を重点的に鍛えましょう。ジムやジョギング、水泳、ダンスなど、自分の好きなやり方でいいわ。ハイヒールを履くことも脚を鍛える秘訣ね。それほど身長の高くない日本人も、下半身をスリムにすれば欧米人に負けないスタイルに見えるはずよ。

42
電車の中でもエクササイズはできるわ。

ファイナリストとして選ばれた女の子たちの、体型、体質は本当にさまざま。体重を落とさなければいけない子、筋肉の足りない子、そして中には少し太ってグラマラスにならなければいけない子もいるわ。だからすべての女性に対して、「これがベスト」と言える共通したエクササイズはありません。最近のテレビや雑誌には、美しくなるための情報がたくさん溢れているわね。でも流行に左右されず、自分の体に本当に適したエクササイズを自分で探し求める必要があるわ。

そうはいっても、オフィス勤めの女性たちにジムに通うような時間はありませんね。そこで私が実践している電車の中でのちょっとしたエクササイズをお教えするわ。まず当然、「ラクしたい……」とシートには腰掛けないで頂戴ね。**つり革を握り、下半身を引き締めてしっかりと立つのよ。**そして全身の筋肉を、とくにお腹を中心にグッと力を入れて、鼻でかすかに呼吸しながら15秒数えて。終わったらフーッと息を吐きながら全身で脱力する。これを行き帰りの電車に乗っている間に何度も繰り返すのよ。２週間ほど続けていれば、体の変化に気づくでしょう。

43

一日の終わりには、自分を愛おしむ。

睡眠は美容に欠かせないもの。睡眠不足は肌のコンディションに大きく影響するわ。だから良く眠るためにも、一日のしめくくりをリラックスして過ごすのはとても大切なことね。とくに女性には、今日一日を頑張った自分を愛おしむ時間にして欲しいわ。

私は入浴後から眠るまでの時間を、完全に自分のためのリラックスタイムにしているの。まず、**お気に入りのセクシーなパンティーやキャミソールを着て、**ボディクリームをつけるのよ。この時に使うのはテクスチャーの濃いシアーバター系がいいわ。もちろんパフュームも忘れずにね。たとえ眠る時でも女である意識は持ち続けているべきよ。また「睡眠前に水を飲むと翌朝に目が腫れぼったくなってしまう」と怖れる女性がいるけれど、私は気にせずに水をよく飲むわ。基礎的な代謝が良ければ、水分はきちんと排出されるから問題ないのよ。恋人や家族とワインを飲みながら、楽しく語り合ってもいいわね。

そうやって自分を愛おしみ、充実した時間を過ごせている女性は穏やかで豊かな表情になって、ますますたくさんの人に愛されるのよ。

44

自信を持つことから、
世界基準の美が始まる。

自信を持つこと。それはどんなに高級な化粧品よりも確実に女を美しくしてくれます。逆を言えば、整った顔やスタイルを生まれ持っても、卑屈さに心が支配されていては、その女性はまるで美しく見えないわ。

ミス・ユニバース・ジャパンのディレクターに就任したばかりで、初めての面接をした時に私はカルチャーショックを受けたの。**美しい女の子たちが、とてもおどおどしているんですもの。**これは、日本が男性中心の社会で、保守的な傾向の強いことが影響しているのではないかしら。女性が自信を持って堂々と振る舞うと「生意気な女」とささやかれるみたいね。だからあなたが国内向けの「モテる」を目指すなら、確かに自己主張は控えたほうがいいでしょう。私は何もすべての日本女性を変えたいと言っているのではありませんから。でも世界を視野に入れるなら、日本人独特の慎ましさや謙遜は理解されにくいということを知っておく必要があるわ。自分が女であること、美しいことに誇りを持つと、笑顔はフレッシュに輝き、表情や身振りが豊かになり、歩き方まで軽やかになる。そうして初めて、世界はあなたに振り向きます。

45

満員電車に揺られる毎日に満足?

ミス・ユニバース・ジャパンを目指すファイナリストが決まり、6か月のトレーニングがスタートする時に。私はまず女の子たちを、朝の通勤ラッシュで大勢の人がごった返している駅へ連れて行きます。そして「今、あなたたちはまだこの中のひとりよ。でも私と一緒にトレーニング期間を過ごして鍛えれば、半年後には駅の大きな広告をあなたたちの中の誰かが飾っているでしょう」と告げるの。さまざまな雑誌の表紙に顔が並び、美しいドレスやアクセサリーが差し出され、高級リムジンが迎えに来て、華やかなパーティーに招かれる。それと満員電車に揺られる暮らしと、どっちがいいかしら？　**私のこの問いかけはちょっとした魔法なの。**大きな理想をイメージして高みを目指さないと、過酷なトレーニングに耐えることはできないから。でも夢は願ってこそ叶うものよ。あなたも朝の満員電車の中で自分自身に問いかけて。今の会社に勤めていてキャリアアップはできるのかしら？　心が満たされるような生活を送っている？　よく考えてみれば、転職をする、英語をマスターする、エクササイズを始めるなど、自分のやるべきことが見つかるはず。

46

褒められたとき、
それを否定していないかしら。

ファイナリストのある女の子に「あなたの脚は長くてスリムで本当に素敵ね！」と褒めると、その子はびっくりして、「そんな！　私なんて」と大慌てで否定するの。こんなシーンが本当によくあるのだけれど、私のほうがびっくりよ。自分自身のチャームポイントに気付いていないなんて！　日本の女性たちは、どうしてこれほどに**自分の魅力を見出したり、誇ることに無頓着なのかしら。**「**謙遜している**」のではなくて、もっと根は深い気がするわ。

この先ずっとドメスティックなレベルで生きていくなら、かまわないかもしれないけれど。まず自分がどういう人間なのかを知っておかなくては、グローバルな女性を目指すためのステップも見つからないわ。そう言うと大抵の日本人は「自分のダメなところを挙げて、それを反省して直す」という、まるで病院のカウンセリングのようなアプローチ方法を選ぶのでしょうね。その発想をまったく逆転させて！　自分のチャームポイントを見つけて、それを伸ばしていくことだけを考えましょう。その方法は次のページでお教えするわ。

mentality

47

紙とペンを用意して！
自分の長所をリストアップ。

ファイナリストたちをトレーニングする時、自分の長所と短所をリストアップさせます。体や顔の特徴以外に、「スポーツが得意」「バイリンガルである」「優しい」「ユニーク」など特技やメンタル面まで。ここで短所のほうが多い人はちょっと問題ね。短所を上回るだけの長所を探し、もっとリストに加えなければいけません。そしてリストアップが終わったら、短所のほうは消すか破るかして、忘れてしまって！　あなたがまず目を向けるべきなのは「私がどれほど素晴らしい女性なのか」ということ。そのためにリストを何度も読み返し、自分自身に長所をしっかりと認識させるの。もし誰かに「あなたのチャームポイントは？」と尋ねられたら、スラスラと挙げられるようになるまで。

　自分がどれくらい魅力的な人間なのかを語るなんて、日本では「自惚れている」と言われるでしょうね。でも世界に出てみれば何も卑下されることではありません。**チャームポイントのない人間なんていないし、「私はこういう人間です」と事実を語っているにすぎないのだもの。**半年にわたるトレーニングの最後に、「ミス・ユニバースにふさわしい人は？」と問うと、みんな「私よ！」と即答するわ（笑）。自分の魅力に気付けば、短期間で人は変われるのよ。

48

「かわいい」から「かっこいい」へ。

日本には独特の「かわいい」の文化がありますね。成人男性たちが、まるで10代の少女のようなタレントに「かわいい」と言って夢中になる。世界では類のない傾向よ。

大人の女性になってもガーリーな魅力を持っているのは、悪いことではないと思うわ。でも日本の「かわいい」には「おばかさん」の意味も込められているような気がしてならないの。日本の男性たちが女をコントロールしやすいように、そういったイメージを押し付けているんじゃないかしら。それに女性たちが何の疑問も抱かずに従っているのであれば、とても残念だし、早く自覚を持って考えを改めるべきだと思うわ。

私が日本に来たばかりの頃にこのメッセージを投げかけたら、「高飛車なフランス人」などと言われたりもしたの。でも日本はここ数年で、**女性への褒め言葉に「かっこいい」が使われる**ようになったわね。実際にマチュアな女性をターゲットにしたファッションマガジンが増え、大人の女性タレントのライフスタイルがもてはやされたりもしているわ。男性に支配されない、自立した女性が評価される時代が来たのよ。

49

「セクシー」の種類を理解すること。

比較的ポピュラーな男性誌の表紙を、不自然にバストを寄せたビキニの若い女性タレントや、スクール水着の12歳くらいの子供が飾っている。それを若い男性からオジさんまで、電車の中で公然と嬉しそうに眺めている……。日本の性は完全に、歪んだ形で男性にコントロールされているわね。そんな「水着フェチ」たちのニーズに応えるのではない、別の形のセクシーもあるということを日本の女性たちは知るべきよ。

ミス・ユニバースの趣旨は、日本にたくさんある「ミスコン」とはまったく違うものです。**女性としての魅力とパーソナリティを同時に表現できる、現代的な自立した女性像を訴えているの。**ビキニを着てビールを片手に持ってニッコリとオジさんに笑いかけるポスターを作るために、モデルを探しているわけじゃないのよ。

日本の女性たちが、もっと女であることをみずからが楽しみ、自分なりのスタイルでセクシーを表現できるようになったら、日本の男性たちも変わっていくんじゃないかしら。これからは、女性の性を支配するのではなく、賞賛し、リスペクトするような男性がもっと増えるでしょうね。

50

玄関のドアを開けるとき、こう考えて!

「今日こそ一生の男性と出会う日」。

よく日本の女性たちが口にする「いい男と出会いたい」という願いは世界共通よ。自分のパーソナリティを認めてくれて、こちらも尊敬できるような男性と出会い、人生を共にするのは素晴らしいことですもの。

ナイスガイといい恋をしたいなら、あなたにもそれなりの準備が必要よ。私がアドバイスした、美しくなるための具体的なメソッドはもちろん実践していただきたいわね。パーフェクトなメイクやヘアスタイルはできているかしら？ 自分をセクシーな気分にさせてくれるファッションや下着を身に着けている？ パフュームは忘れていない？ 外出をする前に、自分自身を「美しい」と思える支度ができているかを必ずチェックして。そして「今日こそは素敵な男性と出会う」とイメージして家を出るのよ。**玄関の先にはドラマティックな展開が待っている、と。**これは歩き方のアドバイスにもなるわね。「どんなに素晴らしく、ハッピーな出来事と遭遇するだろう？」と胸をときめかせながら街を歩けば、あなたは人生をとても楽しんでいる、活き活きとした女性に見えるわ。そういうポジティブな姿勢が、ナイスガイの目に留まるのよ。

51

あなたはいつも見られている。

パーティーでの振る舞いのところでもお話ししたけれど、日本の女性たちはどうして「見られている」という意識が乏しいのかしら。私が生まれ育ったフランスや、イタリア、スペインなどでは、美しい女性が歩いていると男性たちが「ビューティフル！」と声をかけたり、目配せをしてくるわ。日本の男性たちはシャイだからそんなことはできないでしょうけど、彼らだってまったく女性を見ていない、ということはないはずよ。だってあなたはゴーストではないでしょう？

　自分をゴーストのように、周りに見えない存在だと思っている人は表情が虚ろよ。日本人は体面を気にするから、仕事仲間や友人と一緒にいる時はいい顔をするけれど、ひとりになると途端に無表情になるわね。とくに電車は、**私にはゴーストがたくさん座っている不思議な空間に見えるわ！**　若い女性が、ぽかんと口を開け、足元もだらしなく座っている姿をよく見かけるわ。メイクをしたり、お菓子を食べたりする女性もいるわね。もし同じ電車にナイスガイが乗っていたとしても、彼はそんなゴーストのような女性と恋愛しようとは思わないでしょうね。

52

あなたのゴースト度チェックをします。

a. 電車に乗っている時に物を食べることがある。
b. 寝坊した朝は電車内でメイクを済ませる。
c. 座っている時、脚が開いたままになっている。
d. 後ろから声をかけられたことがない。
e. よく道で人と肩がぶつかってしまう。
f. 店員がなかなかオーダーを取りにこない。
g. 面倒くさい時はすっぴんで外出する。
h. 洋服の流行にあまり興味がない。
i. もう何年も同じ髪型をしている。
j. 街で知人とすれ違っても気付かれない。

5項目以上当てはまる人はゴースト傾向があるわね。あなたは「私は美しくないから誰の目にも留まらない」と思っていない？　でも、どんな女性にも魅力は必ずあるわ。カフェでお茶を飲む時やショッピング中にも。**あらゆるシーンで「見られている」という意識は忘れないように。**

53

後ろにもパパラッチがいるわ！

ノーメイクで外出する、というとんでもない発想は今すぐに捨て去って頂戴。あなたがもしハリウッドスターなら、パパラッチに冴えない顔を激写されてしまうところだわ！　近所への外出でも、準備の時間がなくても、最低限は身支度をすること。手を少し湿らせて髪をひとつに束ね、透明なリップグロスを塗って、お気に入りのサングラスをかけましょう。そしてどこかで時間を作ってメイクするまで、サングラスは決して外してはいけません。

また、自分の視線の届く範囲内は気にする人はいても、後ろにまで意識が及んでいる人は少ないんじゃないかしら。**パパラッチは背後にも潜んでいるかもしれないのに！**　ヘアスタイルや服装は、もちろん後ろまで完璧でなければいけません。そして「後ろからも見られている」という意識を常に持っておけば、歩き方や姿勢まで、無意識の時とは比べものにならないくらい美しく見えるようになるでしょう。

54

素敵な男性から目を逸らしちゃダメ。

アイコンタクトの大切さはすでにお話ししましたね。目は女性の魅力を語る最大の武器よ。周りから見られていることを意識すると同時に、あなたも周りの人々をよく見渡さなくてはいけないわ。

日本の人たちは本当にシャイだから、他人と目が合うと、たちまち逸らしてしまうわね。そんなことではあなたの魅力がちっとも伝わらないじゃない！ もしレストラン、電車の中、パーティー会場などで素敵な男性を見かけたら、女性から目線を送ったっていいのよ。**フランスの女たちはごく自然にやっているし、それほど身構えることではないわ。**そしてもし彼からもアイコンタクトがあれば、笑顔を見せたり、こちらから「ハイ」と声をかけてあげてもいいでしょうね。

日本の女性の慎ましさはとても上品な魅力だと思うわ。でも、そこに積極性をプラスさせたら、毎日の生活がもっと楽しくなるに違いないわ。

55

結婚は女のゴールではないわ。
目指すのはもっと先なの。

日本には、女性の人生の最高に幸せな瞬間を「素敵な男性との結婚」と母親が娘に教える風潮があるようね。もちろんそれは間違っていないわ。ただ、結婚は女性のゴールではありません。その後にパートナーと充実した時間を過ごし、良好な関係をキープしていけるかどうかが重要なの。不自由ない暮らしをさせてくれる男性を捕まえるために、結婚前は一生懸命におしゃれをして、結婚式でも目一杯着飾って……。ところが結婚して子供を産み、母親になった途端にメイクもおしゃれもしなくなるのは一体どういうことなのかしら。あなたが家の中で女であることをやめてしまえば、当然、パートナーは外の女性に目を向けるでしょう。

世の中には結婚も出産も経て、今なお美しい女性はたくさんいるわ。それに若さだけが女の取り柄じゃないのよ。ハル・ベリーやシャロン・ストーンやデミ・ムーアは40代でも女性として輝いているし、カトリーヌ・ドヌーブは60代よ！　年齢で女を卒業するのではなく、いくつになっても女性として、自分らしい魅力を発揮し続けましょうね。

mentality

56

いいセックスをしているかしら？

私はファイナリストの女の子たちを自分の本当のベイビーのように思っているから、どんなことでも話し合うの。彼女たちの将来の夢を聞かせてもらったり、ボーイフレンドの話もよくするわ。でもテーマがセックスのことになると、途端にみんな口が重くなるわね。「あなたたちはお母さんとセックスについて語らないの?」と尋ねると、女の子たちの答えは決まって「そんなこと、ありえない!」だわ。

日本では、たとえ親子の間でもセックスの話題はタブーとされていますね。これは本当に不思議なこと。では一体誰が若い女の子たちに、正しい性の知識や、本当に愛する人とのセックスの素晴らしさを教えているの? まさか日本の母親たちは「子供を産んだらセックスとは無関係」と思っていないわよね?それはとても歪んだ考え方だわ。

大切なパートナーといいセックスをするのは、女性が美しくあるためには絶対に必要よ。**女として愛され続けることが、いつまでもフレッシュな美しさをキープできる秘訣なの。**

mentality

57

せっかくの好奇心を
リアルな情報に向けてみてはどう?

日本の女性たちは「学ぶ」ということにとても野心的で、好奇心が旺盛ね。一見おとなしそうなのに、自分を向上させることに対しては強い情熱を秘めているからとても驚かされるわ。美しくなるためのメソッドを書いた雑誌や本がたくさんあって、情報も溢れているし。みなさんはそこから学び取ろうと一生懸命だけど、文字や写真の二次元的な情報だけでは、本当に美しい女性になるための知識は足りません。

もっと街へ出ましょう！　そして「観察者」になるの。日本には世界中から最先端のファッションが集結しているし、おしゃれに着こなしている人が大勢いるわ。自分の目をカメラのレンズだと思って人々を観察し、頭の中にたくさん写真を撮ってみましょう。ファッションに限らず、素敵な女性の笑顔、仕草、話し方など、参考にできることはいくらでもあるわ。私なんて、**パーティーに出かけたら「ニュータイプの女性はいないかしら？」と血眼になって探しているのよ！**（笑）

大切なのは「動きのある情報」なの。雑誌や本から得た知識に、三次元的な美の表し方をプラスさせればパーフェクトだわ。

58

目標を決めれば、
そこに至るルートも見えるわ。

「普通の女の子を世界一の美女に成長させる」というミッションを敢行するには、6か月のトレーニング期間は「短すぎる」というのが正直な意見ね。でも私にはそれが可能だったし、女の子たちもよく頑張ってくれました。理世なんてまだ19歳のベイビーで、本当におてんばな女の子だったのよ！　それが半年でセクシーさやゴージャスさやフェミニティを身につけ、知的でエレガントな、世界を魅了する女性に生まれ変わったの。

自分なりの目標を、例えば「私は世界一の美女になる」と具体的に書き記しましょう。そしてイメージトレーニングをしながら戦略的に取り組むのよ。私は世界大会に向かう前の理世に「あなたがミス・ユニバースになるのよ！」と言い続けました。さらに「もしミス・ユニバースになったら？」とその先までイメージさせたの。「すぐにニューヨークに引っ越すことになるわ……。どこのアパートメントに？　銀行口座はどうしようかしら？」と細かく具体的なことまで。目標が定まっていればイメージがしやすいから、そのプロセスで自分が何をするべきなのかが明確にわかって、日々をぼんやりと無駄に過ごしている暇はなくなるでしょう。

59

あなたを褒めてくれる人を見つけなさい。

魔法の言葉46でも言ったけれど、褒められたら否定する、という日本人独特の謙遜はやめましょう。海外の人には真意がわかりにくいから、**「ありがとう」とお礼を言うほうがシンプルよ。**私はよく女の子たちを褒めるけど、若い子が「キレイね」と言われたら嬉しくないはずがないのに「そんな……」と申し訳なさそうな困ったような顔をするの。不思議よね。そこで、女の子たちの両親も交えて面接をしてみて、その原因がわかったわ。両親の前で「お嬢さんはキレイね」と褒めたら、その子のお母さんが「とんでもないです」と平然と否定するじゃない！　私はこれほど驚いたことはないわ。親が、自分の子供を誇らしく語らないなんて！　日本の母親は「周りと同じように振る舞う」ことは熱心に教えるけど、「人より優れている」ことを子供に自覚させようとはしないのね。日本の親たちは、そして男性も、女性を躊躇なく「褒める」ことを心がけてほしいわね。

誰かに褒められることはとても自信に繋がります。とくに信頼する家族や友人の言葉は絶大よ。自分が尊敬できる人を身近に置き、同時に自分も相手から賞賛してもらえるような、有益な人間関係を築きなさい。

60

パーソナリティこそが、人々を魅了する。

顔とスタイルが整ったバービー人形が美しいのではありません。そこに生きたパーソナリティが宿っていなければ、人の心を動かすような魅力は醸し出されないわ。

パーソナリティとは性格だけを指すのではなく、ライフスタイル、食生活、人間関係、趣味などから現れるその人の「個性」。私のトレーニングではパーソナリティを伸ばすことに一番重点を置いているの。２００７年の世界大会では、森理世よりも外見的に美しい女性もいたでしょう。でも彼女のパーソナリティは圧倒的だった。おてんばなのにセクシーで、ダンサーとしてのダイナミックさがあり、とってもユーモラス。その中に日本女性らしい奥ゆかしさや脆さも見え隠れする。それらの特徴を私はひとつひとつ理世に自覚させていったの。自分自身のパーソナリティを正確に掴んでいなければ、最大限に発揮することはできないから。

もしあなたがひとつでも他の人にはないパーソナリティを持っていれば、それだけであなたは「魅力的な女性」なのよ。人との違いを隠したり直そうとはしないで、むしろ前面的に押し出して。

61

質問にはすぐ返事を。それも明確に。

実はミス・ユニバースの世界大会では、インタビューの受け答えが最終ジャッジに大きく影響すると言われているの。それはパーソナリティがもっともわかりやすく表に出る瞬間だから。そのために私のトレーニングでもインタビューを猛特訓するのよ。

日本語は美しい意味を持つ言葉がたくさんある、優れた言語です。でもセンテンスが長くて、最後まで聞かなければメッセージがわかりませんね。また日本人には率直な表現を避けて本当の意味をぼかす習性もある。だから**英語圏の人々にも伝わりやすいように、短く、わかりやすい言葉の選び方や会話の組み立て方を指導したわ。**そして短い時間で次々と質問を投げかけ、それに応じてスピーディーに意見を述べさせたの。海外では、質問されて「えっと……」と言葉に詰まる人間は内面が成熟していない「おばかさん」と捉えられてしまうから。質問に対して「言うことが思い浮かばない」というのはもっと最低ね。日頃から政治、経済、事件などの社会情勢に広く目を向け、「私はこう思う」と意見を整理して、実のある会話ができるように準備をしておく必要があるわ。

62

鏡に向ってスマイル＆トーク。
表情はトレーニングで変わるわ。

感情を押し隠すことを美徳とする日本人はとかく無表情になりがちです。とくに女性たちは、男性に歯向かう意見を述べないように……と慎ましく育てられているわね。私のように外から来た人間には、**日本の女性たちの感情を抑えた顔は「今にも泣き出しそう」**か**「静かに怒っている」**ように見えてしまうの。豊かなボディランゲージや表情で、感情をストレートに表す海外の人々との違いはとても大きいわね。そのままでは誤解を与えてしまう恐れがあるから、表情のトレーニングは欠かせません。

ファイナリストたちのインタビュー練習をビデオに撮り、見せながら無表情を指摘すると、彼女たちはそこで初めて自覚するのよ。普段、日本人同士で会話をしているから気付かないのでしょう。あなたもぜひ、友達などに協力してもらって、会話の様子をビデオに撮ることをお奨めするわ。あるいは鏡に向かって話しかけてもいいでしょう。同じ台詞を、無表情の場合と笑顔で言った場合とを比べれば、どちらが好印象かということは鏡を見れば自分でわかるはずよ。また日本語の音の性質上、声がこもって聞こえるので滑舌の練習もしたほうがいいわ。

63

ゲームのように会話を楽しんで。

若い女性を前にすると卑猥な言葉を浴びせたくなる困ったオジさんがいるけれど、そんな時の対処法をお教えしましょう。まず、怒らない。世界を目指している私たちがターゲットにしているのは、国内のオジさんではないわ。**別のステージに住んでいる人たちにムキになるなんて、パワーの無駄遣いじゃないかしら？**　森理世がミス・ユニバースに輝いた時、日本のオジさん向けのスポーツ紙や週刊誌でバッシングされたことに彼女はとても傷ついてしまったの。だから私はこう言ってあげたわ。「理世、大丈夫よ。あのオジさんたちとあなたが食事のテーブルを共にすることは決してないから」と。

もしオジさんに低俗な言葉をぶつけられて、「セクハラよ！」と怒鳴るあなたの顔はおそらくエレガントではないはずよ。それよりも「あら、私に興味を持っていただいてありがとう。あなたもとっても素敵よ！」とチャーミングな笑顔で返して、相手を丸め込んでしまうの。オジさんに限らず、どんな人との会話でも「さあ、次はどう切り返す？」とウィットに富んだやりとりで、ゲーム感覚で楽しむのよ。

64

知性は女の美を引き立てる。

日本の国内には、若い女性が社会情勢について語ったり、考えを示すような場がほとんどありませんね。それどころか男性や保守的な婦人たちから「生意気だ」と言われたり、「かわいいおばかさんでいればいい」とイメージを押し付けられることすらある。でも私の知り合いには世界を舞台に活躍している日本の男性がたくさんいるけれど、**彼らがパートナーにしているのは「おばかさん」な女の子ではないわ。成功者ほど、お互いに人生を支え合えるような相手を選ぶの。**だって、社交の場に一緒に出かけることもあるし、そこでは女性たちも自分なりの意見を求められるのよ。そして知性を持った女性ほど、賞賛の眼差しを向けられるわ。

知性とは、周りの人が何を必要としているかを理解して、期待されたメッセージを正確に伝えられる能力のこと。そのためには新聞を読み、ニュースに触れて、国内や国際問題の知識を蓄えておきましょう。脳は筋肉と同じよ。エクササイズのように使えば使うほど成長するの。「私はおばかさん」と諦めるのは早過ぎるわ。あなたがただのキレイなお人形さんではないということを、自分の努力で証明してみせるのよ。

65

スターがスターらしく振る舞えるのは、
研究と努力の賜物なの。

ハリウッドスターやスーパーモデルが、朝目覚めた瞬間と同時に美しいわけではないのよ。彼女たちは、裏では自分を絶世の美女に見せる工夫や努力を地道に行なっていて、表に出た時には人々の期待に応えて「スターの振る舞い」をしているの。

ハリウッドスターたちのインタビュー映像はとてもいいお手本になるわね。ボディランゲージ、アイコンタクト、百万ドルの笑顔、ユーモアや知性のある会話。一度見れば誰もが愛さずにはいられない、世界中に「こうなりたい」と思わせるポイントがたくさんあるわ。彼女たちは自分でそれを研究し、演出しているの。アンジェリーナ・ジョリーやジェニファー・ロペスなどはライフスタイルまで完璧にセルフプロデュースしているわね。**あなたも人前での振る舞いや言葉遣いや表情は常に「ハリウッド風」であるべきよ。**部屋に一歩足を踏み入れた瞬間から、すべての人を魅了するつもりで。「自分はスターだ」と思えばあなたには威厳が備わり、人々の目に大きなインパクトを与えるでしょう。そして「彼女はどこか人とは違うわね」と噂されるようになるわ。

mentality

66

ネガティブな人とはさようなら。

いつもポジティブであること。その姿勢は間違いなく多くの人々の心を惹き付けるわ。いつも幸福そうで、笑顔が輝いている女性の側にいると、周りの人々まで楽しい気分になれるからよ。そのためにも過去の失敗や後悔はもう思い出さず、暗い話は避けて、明るく、未来に向けた話題を口にするように心がけましょう。

そして、自分の周りからネガティブな人を排除するの。悪口や陰口をあなたの耳に吹き込んだり、「失敗するかもよ」「無理なんじゃない？」などとネガティブな発想を口にするような人とはさようなら！　あなたに悲しい思いをさせる悪い男ともすぐに縁を切るのよ。それらの人々はあなたに暗い感情を植え付けるだけで、まったく有益な関係とは言えないわ。**世界へ向かって羽ばたこうとするあなたの、余計なお荷物になるだけ。**それよりも人生の素晴らしさを語り合ったり、あなたを「美しく、賢く、ユーモラスである」とポジティブな言葉で評してくれるような人々とだけ付き合うこと。ポジティブな人間同士は互いに高め合うことができる、「勝者の関係」なの。

67

グループに属しながらも、
ヒロインであること。

日本の女性の素晴らしいところは、グループの中で立ち位置をわきまえる賢さ。そして仲間を思いやる優しさと協調性ね。その能力にさらにプラスさせて欲しいのが、グループの中で際立つテクニック。

ポジティブな女性たちと仲良くするのはとても有効よ。美容やファッションの情報交換をしたり、お互いを褒め合って磨きをかけるために。ただしグループの中でも、あなたはひと際輝くヒロインであるべきなの。そのためにいつもユーモラスであり、おしゃれであり、仲間たちがあなたを讃えずにはいられないようなパーソナリティを発揮することね。

また外から見ても、あなたはグループの中で際立っていなくてはいけません。そこで、**オレンジがいっぱい入ったバスケットを想像してください。** **大概の人は「一番外側にあるオレンジ」に手を伸ばすでしょうね。** つまりあなたもグループに馴染みながら、外部とのコネクトを取れる位置にいるべきなの。例えばパーティーに友人グループで出かけた時に、一緒の仲間たちに気を配りながらも時々は視線を会場へ向けて。心の中で「私を見て！」と、グループの外の人々にポーズを示すのよ。

68

他の誰かにたくさん愛情をそそげば、
あなたは深く愛されるの。

私はただのお飾りのような美女を作り上げたいわけではないの。ステージ上でセクシーな水着やドレスを着るけれど、いつかは素晴らしい妻や母親にもなれる。自分の意志でいかようにも人生を充実させられる、豊かな女性を育てたいのよ。だから若い女の子たちには美しくなるメソッドも授けるし、同時に人の愛し方についても教えるの。

愛されたい、と思うなら答えは簡単よ。あなたも人を愛しなさい。いつも自分の周りの人々に気を配り、楽しい話題を振り、たくさんの質問をするの。すると人々はあなたに「気にかけてもらっている」と感じて好意を抱くでしょう。また、人を褒めることを躊躇しないで。褒められるのが嫌いな人なんていないわ。自分だけ褒めてもらおうと思ったり、嘘の褒め言葉もダメよ。正直な気持ちを一生懸命に語りかければ、必ず相手はあなたの愛情に胸を打たれるわ。そんなあなたを人々が「魅力的だ」と思う感覚は、さらに人から人へと伝わっていくものよ。

たくさんの愛を与えれば、それだけあなたもたくさんの深い愛情を受けられるのです。

69

部屋を掃除しなさい。

世界を目指す女性は、目標に向かって常に集中力を高めておく必要があるわ。精神面や栄養面のケアも集中力アップに欠かせないものだけど、実は部屋の整理整頓も効果的なの。

家は、住む人の心が反映されるの。物を溜め込んで捨てられないのは、あなたの心が未整理だからよ。ネガティブな人間関係に縛られていたり、辛い過去を引きずっていたり。集中力を妨げる要素が心の中にいっぱいあるんじゃないかしら。それらを捨て去りたいのなら、部屋の掃除をしなさい。例えば「3日間で片付ける」と期間を定めて、自分の持ち物を徹底的に調べ、いらない物はどんどん処分するの。すべてが片付け終わると、あなたの心はポジティブに、晴れやかになっているはずよ。

家の中が乱れていると、人生までもが乱れていきます。つまり部屋をどうコーディネートするかということも、セルフプロデュース能力の一環なの。**美しい女性が住むにはどんな空間がふさわしい？　ゴミがたくさん溜まっている部屋かしら？**　自分のイメージにはどんな部屋が合っているのかを考えて、整理整頓やインテリアの工夫をしましょう。

70

リスクを怖れないで！

日本人にはとても慎重で保守的な人が多いわね。女性ほどその傾向が強くて、リスクを負うのが苦手だわ。でもリスクが大きければ大きいほど、成功する可能性も高くなるのよ。このメッセージはとくに強く日本の女性たちに伝えておきたいの。

日本にも木村拓哉や中田英寿のように、クールで、ファッショナブルで、洗練された男性がいるわね。あなたは「まさか私が木村拓哉のような人とは恋できない」と思うかしら？　まさにそうやって、素敵な男性への気持ちを「憧れ」に変えてしまった瞬間にあなたの可能性は断たれるわ。確かに、**ナイスガイと恋愛をするのは大変でしょうね。美しいライバルたちがたくさん待っているわ。**あなたも時間や労力を費やして、ナイスガイにふさわしい女性にならなくてはいけません。でもそれらのリスクを乗り越えてこそ、素晴らしい人生の扉が開くのよ。

あなたが美しくなろうとする過程には、きっと困難や挫折が待っているわ。成功したとしても大勢の嫉妬や反感を買うかもしれない。でもリスクを怖れていては、あなたはいつまでも変わることはできないのよ。

71

一本の映画を撮るように
人生をプロデュースするのよ。

私は出会う女の子たちにいつも「5年後、10年後の自分を夢に描きなさい」と言って聞かせるの。森理世も出会った当初は、夢はあってもそれを言葉で表現する術を持っていなかったわ。でも散り散りのパズルを集めて埋め合わせるように少しずつ整理させていったら、半年後には、彼女はこんな風に話せるようになったわ。「5年後の私はダンススクールを開いたパーティーでみんなに祝福されているわ。そして10年後の私の横にはチュチュを着た小さな娘がいて、一緒にお祝いのケーキのキャンドルを吹いているの！」と。まるで映画のワンシーンを語るように！

私たちの目の前の現実はとてもシビアよね。毎日一生懸命働いて、月々の家賃を払って、いくらかのお金を老後のために蓄える……。だからこそ夢を描くのよ。これからの数十年を少しでも楽しめるように、映画を撮るつもりで自分の人生をプロデュースしていくの。**夢の中ではあなたがヒロインだから、多少は自分勝手でもかまわないわ。**そしてなるべく台本の通りに日々を過ごしていき、10年後に振り返ると、きっとあなたが夢に描いた映画のような人生そのものになっていると思うわ。

72

日本女性の「頑張ります」は世界一。

私がミス・ユニバース・ジャパンのナショナル・ディレクターとしてこの国に赴任してから、今まで。実はカルチャーショックを受けて、自信をなくしてしまう瞬間もたくさんあったわ。でもそんな私の励みになったのが、女の子たちの「頑張ります」のひと言なの。そのポテンシャルの高さに気付いた時から、私は「日本の女性は世界一の美女になれる」と確信できるようになったのよ。

確かに日本女性は自己表現が下手で、積極性に欠けているところがあるわ。でもその代わりメンタルがとてもタフね。皮肉なことだけど、長く男性の支配に耐えてきたことで、女性たちは懐の深い、強い魂を持つようになったのでしょう。２００３年の宮崎京、２００６年の知花くらら、そして２００７年の森理世も。世界大会の直前には、夜中まで私たちはレッスンを続けたわ。もし他の国の代表なら「私は一日中レッスンをしてクタクタなの。休ませて頂戴！」と怒るでしょうね。でも日本の女の子たちは、どんなに疲れていても「頑張ります！」と笑顔で言ってくれるの。その優しさと強さが、世界中を虜にする最大の武器。「頑張ります」の精神が、日本の女性たちの可能性を無限に広げてくれます。

mentality

Inés's magic technique

世界一の美女にふさわしいメイク

あなたは、日本女性ならではの美しさを最大限に発揮できるメイクアップができているかしら？目力がアップする「スモーキーアイ」を中心に、9つのポイントをマスターしておけば完璧よ。

1

眉毛のラインは顔の印象を大きく左右する。自然な、美しい弓なりのカーブを描くようにすると、女性らしいセクシーな目元に。

2

マスカラは絶対に欠かせないアイテム。ブラックやダークブラウンで上下のまつ毛をボリュームアップさせると、目が大きく見える。

3

下まぶたにもラインを引く。目尻から目頭に向ってなるべくインサイドに、ブラックやダークブラウン、パープル、グリーンのカラーを。

4

眉尻の下にパール入りのホワイトを、眉頭の下にピンクベージュのアイシャドウを乗せて。アイホールにフレッシュな輝きが宿る。

5

まぶたの上にはゴールド系ブラウンのアイシャドウを。目尻をやや囲むように、アーモンド状に乗せるのが「スモーキーアイ」の特徴。

6

上まぶたのアイラインには、ダークブラウンをチョイス。ブルーやシルバーは目元の印象が暗くなるので使わないこと。

7

唇は自然な色合いに仕上げて、若々しい印象に。ヌーディーなリップグロスを乗せて、ツヤ感を出すだけで十分に魅力的。

8

フレッシュな印象に仕上げるにはチークが鍵になる。ピンクコーラルや明るいオレンジを、頬骨の一番高いところに水平に乗せる。

9

髪の生え際からアゴにかけてと、口をすぼませた時に頬が窪む部分に、大きなブラシでブロンザーパウダーを入れて立体感を出す。

4
5
6
7
1
2
3
8
9

Inés's magic technique

世界が憧れる アジア女性ならではのヘア

アジア人に特有のツヤとハリのある髪質なら、
ロングストレートがもっとも魅力的に見えるわ。
ボリュームアップさせ、カラーで動きを演出し、
世界を虜にするヘアスタイルを作りましょう。

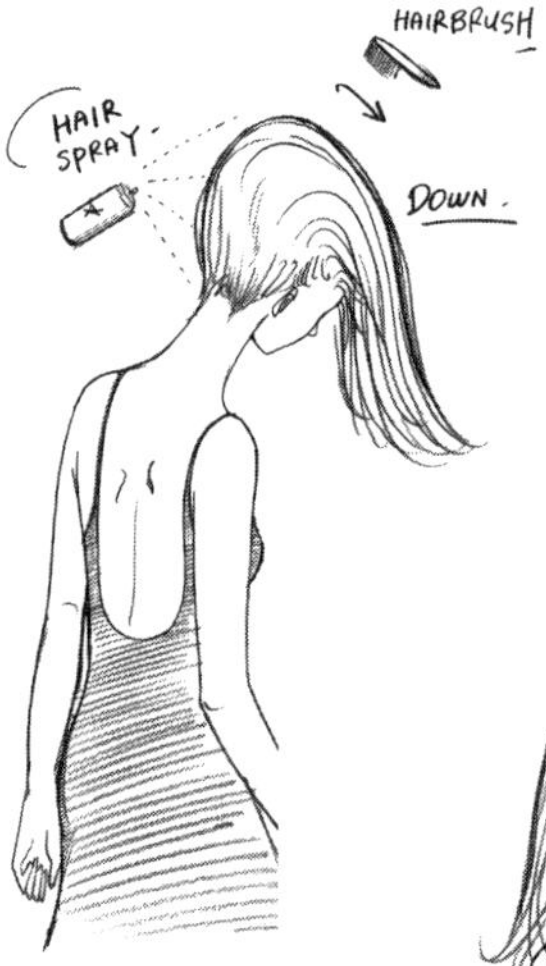

1

髪の根元から立ち上げるには、次のような手順で。まず頭を下に向けて、髪全体を垂らします。そしてボリュームアップ用のヘアスプレーを噴射させながら、首の付け根から毛先に向ってブラッシングをする。

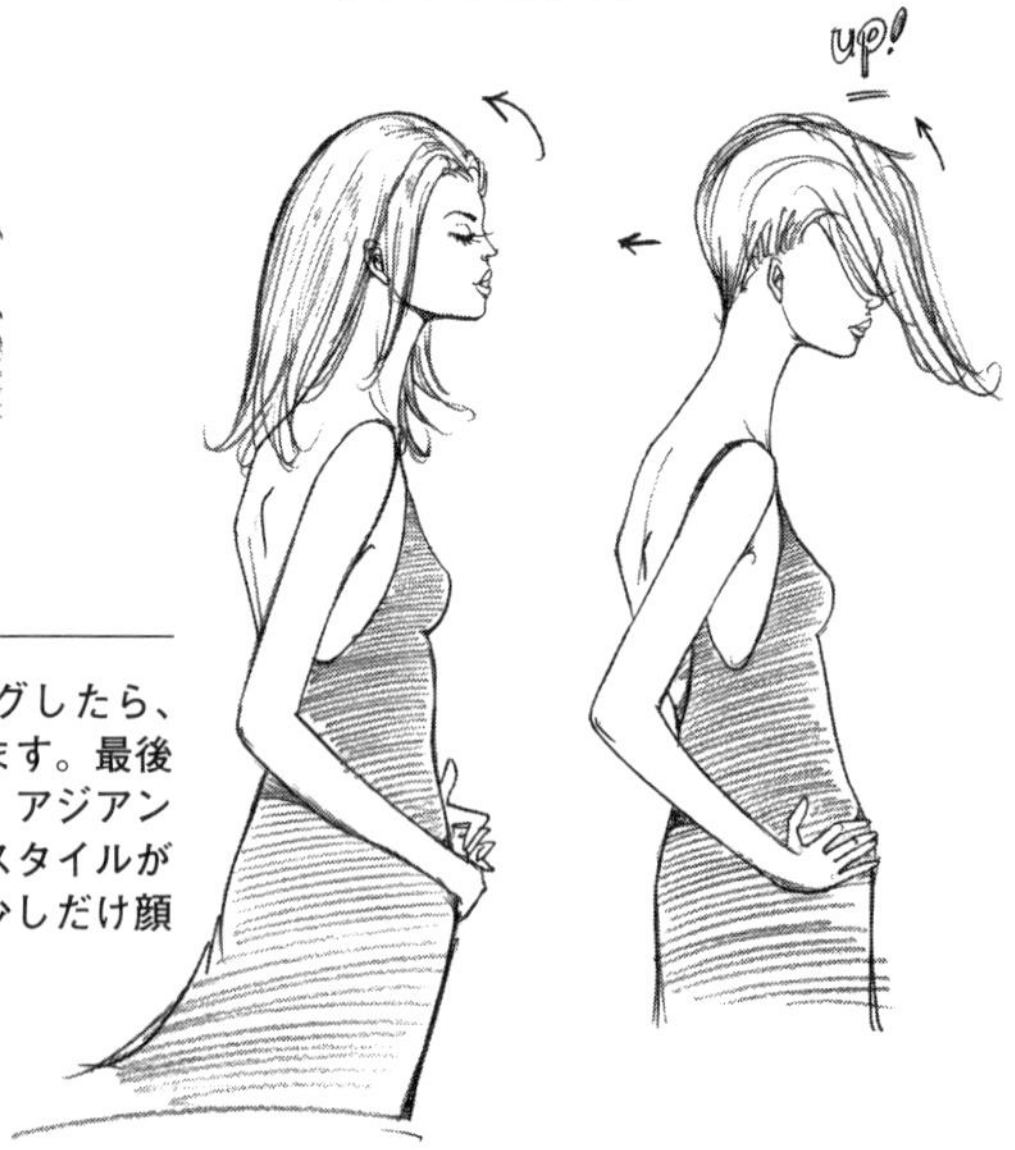

2

髪全体をブラッシングしたら、頭を勢い良く起こします。最後に手グシで整えれば、アジアンビューティーのヘアスタイルが完成！サイドの髪を少しだけ顔に垂らすとセクシー。

3

カラーリングをするなら、１色のみのべた塗りは重く見えるからタブー。ベースのカラーに、同系色でややトーンの異なる２カラーを差し色させましょう。動くたびに微妙なニュアンスが出て、表情豊かなヘアスタイルに。

美女に欠かせないサプリメント

最初に言っておきたいのは、値段は高くても高品質のサプリメントを選ぶべき、ということ。安さを売りにするブランドには、有効成分以外の補填材料で増量されていたり、天然由来ではなく化学合成された成分が使われていたり、吸収率が悪いビタミンやミネラルが含まれたりしていることが、よくあるのよ。購入はインターネットのサプリメントストア、例えば『アイハーブ http://www.iherb.com/』などを使うのが簡単ね。

私にとってなくてはならないサプリメントは次の通り。
❶オメガ3脂肪酸
❷マルチミネラル・マルチビタミン・抗酸化物質
❸自然食素材のホールフード
❹マグネシウムとカルシウム

❶ オメガ3脂肪酸

オメガ3脂肪酸は毎日摂るべきよ！ 私はこれをフィッシュオイルのカプセルで摂っているの。いわしやアンチョビから抽出された油なので、水銀は含まれていないはず。さらに、蒸留処理されているので、その他の毒素が入っていないわ。私のお気に入り『ノルディック・ナチュラル http://www.nordicnaturals.com』は最高に優れたブランドね。

購入 http://www.iherb.com/ProductsList.aspx?c=1&cid=845

❷ マルチミネラル・マルチビタミン・抗酸化物質

私は毎日一回はマルチビタミンを摂っているわ。
『エヌエスアイ Nutraceutical Sciences Institute http://www.gonsi.com』ブランドからふたつ紹介するわね。
「シナジー ワンス ア デイ マルチビタミン バーション 2」にはアルファリポ酸および補酵素 Q10、その他の成分も含まれているわ。
「シナジー ワンス ア デイ マルチビタミン バーション 10」、これは、銀杏、緑茶抽出物、ブドウ種抽出物、補酵素 Q10、42 種のフルーツと野菜からの抽出物など、素晴らしいオール・イン・ワンの処方よ。

購入 ともに http://www.vitacost.com/products/brandsaz/nsiprods/synergy.cfm

『ライフエクステンション http://www.lef.org/』ブランドの「ライフミックス 315 錠入り」も内容の充実ぶりから見てリーズナブルな優良な製品だと思うわ。

購入 http://www.iherb.com/ProductDetails.aspx?c=1&pid=7718&at=0

❸ 自然食素材のホールフード

血液をアルカリ化して、透明感があって健康的な肌を作ってくれるのよ。パウダーだから食生活にも取り入れやすいわ。
「プログリーン」はアレルギー・リサーチ・グループの『ニュートリコロジー http://www.nutricology.com』ブランド の商品。カモジグサ、オオムギ粉、ムラサキウマゴヤシ粉、クロレラ、スピルリナ、蜂花粉、ローヤルゼリーなど、健康に良い成分が豊富、しかも消化管にいい善玉菌がたくさん含まれているの。

購入 http://www.iherb.com/ProductDetails.aspx?c=1&pid=3467&at=0

「グリーンズプラス」も、評価の高い粉状グリーンホールフードで、下記の通りの成分が含まれています。スピルリナ、オオムギ粉、クロレラ、大豆もやし、ムラサキウマゴヤシ粉、消化管にいい善玉菌、ローヤルゼリー、エキナシア根、エゾウコギ、オオアザミ種ほか。私は毎朝、この「グリーンズプラス」を小さじ2杯、少量のりんごジュースと一緒に飲んでいるの。活力を増すのを実感するわ！

購入 http://www.greensplus.com/

「ジュースプラス」は自然食素材を基にした、フルーツと野菜のサプリメント。免疫機能を高める、DNAを損傷から守る、血液の酸化防止効果を増加させてフリーラジカルによるダメージと戦う、という研究結果が出ているのよ。

購入 http://www.juiceplus.com

❹ マグネシウムとカルシウム

マグネシウムとカルシウムのサプリメントは、バランスよく半々で摂るようにしましょう。
「ライフ・エクステンション マグネシウム500mg/100カプセル」。『ライフ・エクステンション』も優れたブランドで、もうずっと使っているわ。

購入 http://www.iherb.com/ProductDetails.aspx?c=1&pid=4807&at=0

「AAACa」とは活性吸収型海草カルシウムのこと。骨粗鬆症財団理事・カルシウム研究所所長の藤田拓男氏のお奨め。

購入 http://www.lanelabs.com/products.asp?productID=advaCAL

❺ その他

上記の4種以外にも、美しい女性になるために、覚えておきたいものがあるわ。
月見草油はホルモンバランスを保つ働きで、古くから女性に親しまれてきたハーブ。「ノルディック・ナチュラル オメガ・ウィメン 月見草油ブレンド500mg」が私の愛用品。

購入 http://www.iherb.com/ProductDetails.aspx?c=1&pid=4298&at=0

アセチル-L-カルニチンは、脳に作用して疲労を回復したり、不安を鎮めると言われているの。3ブランドのサプリメントを紹介するわね。
「ソースナチュラル アセチル-L-カルニチン500mg/60タブレット」

購入 http://www.iherb.com/ProductDetails.aspx?c=1&pid=1462&at=0

「ライフエクステンション アセチル-L-カルニチン-アルギネイト100カプセル」

購入 http://www.iherb.com/ProductDetails.aspx?c=1&pid=4901&at=0

「エヌエスアイ アセチル-L-カルニチン HCl 500mg/120タブレット」

購入 http://www.vitacost.com/NSI-Acetyl-L-Carnitine-HCl

イネス・リグロン　Inés Ligron
フランス、パリ生まれ、南仏モンペリエで育つ。21歳で自身のビューティ・センター＆スパを開業。スペインへ移り、各地のファッション業界でキャリアを重ねる。31歳の時、香港へ拠点を移し、IMG Modelsのアジア地域ディレクターとして活躍すると同時に自身の会社（IBG: Inter Beaute Group）を設立し、N.Y.、パリ、ロンドン、ミラノから、世界レベルの有名トップモデルをアジアのクライアントへ招致する。1998年、ドナルド・J・トランプ氏により、ミス・ユニバース・ジャパンのナショナル・ディレクターとして指名され、2003年に宮崎京、世界大会第5位、2006年に知花くらら、世界大会第2位に続き2007年に森理世を世界大会第1位、48年ぶりに日本発のミス・ユニバースを生んだ立役者。2007年の世界大会で、ベスト・ナショナル・ディレクターとして表彰される"NATIONAL DIRECTOR AWARD"を受賞。

世界一《せかいいち》の美女《びじょ》の創《つく》りかた
2007年12月11日　第1刷発行
2008年 5月29日　第8刷発行

著者　イネス・リグロン
発行者　石﨑 孟
発行所　株式会社マガジンハウス
〒104-8003
東京都中央区銀座3-13-10
電話　受注センター 049-275-1811
書籍編集部 03-3545-7030
印刷・製本　光邦
装丁　河上妙子
カバー写真　Marc Albert
イラスト　池田ハル
取材協力　ミス・ユニバース・ジャパン

ISBN 978-4-8387-1833-7 C0095